짐보리 놀이 ②

Toddler Play

12개월부터 36개월까지

100가지

재미있는 놀이활동

짐보리 놀이 ②

Toddler play

웬디 S. 매시 박사
앤서니 D. 펠레그리니 박사
매릴린 시걸 박사 공저

꿈틀

짐보리 놀이 ❷ (12개월에서 32개월까지)

1판 1쇄 발행 2008년 5월 15일
1판 7쇄 발행 2019년 12월 30일

지은이 웬디 S. 매시, 앤서니 D. 펠레그리니, 매릴린 시걸
옮긴이 이영지
펴낸이 이정아

펴낸곳 꿈틀
출판등록 2005년 3월 25일 제 313-2005-000053호
전화 070) 7718-3381
팩스 0505)115-3380
e-mail coky0221@daum.net

ISBN 978-89-957760-2-5 | ISBN 978-89-957760-4-9

GYMBOREE PLAY & MUSIC PROGRAMS
Copyright © Weldon Owen Inc.
www.weldonowen.com
All rights reserved.
Korean Translation Copyright © KUMTUL
Korean edition is published by arrangement with Weldon
Owen Inc through The ChoiceMaker Pty Ltd.

지은이 짐보리 컨설턴트인 웬디 S. 매시 박사는 유아
발달 심리학을 전공했다. 20년 이상 유아와 부모 및
유아 전문가들을 위한 프로그램을 연구했다. 매시 박사는
네 자녀의 어머니이다.

앤서니 D. 펠레그레니 박사는 유아들의 사회적, 인지적,
감정적, 사회적 발달에 있어서 놀이의 역할에 대한
권위자이다. 유아 교육에 관한 12권 이상의 책을 집필했고,
현재 미네소타 대학교의 교육심리학과 교수이다.

매릴린 시걸 박사는 미국에서 유명한 아동발달 전문가이자 저자이며,
노바 사우스이스턴 대학교 가족 연구소의 명예
소장이다. 『놀고 있는 아이』 등 여러 권의 책을 집필했으며,
다섯 아이들의 어머니이자 열세 아이들의 할머니이기도 하다.

옮긴이 이영지는 대학에서 불어불문학을 전공하고
출판사에서 외국의 좋은 책을 우리나라에 소개하는
일을 하고 있다.

안 전 예 방 조 치 에 대 한 안 내

짐보리는 부모들에게 아이들의 적극적인 놀이 상대가 될 것을 권장한다. 이 책에서 소개하는 놀이는 안전을 최우선시한다. 이 책에 실린 놀이를 하면서 다칠 위험은 적지만 아이가 다치는 것을 최소화하기 위해 다음의 지침을 따른다.

※단 한 순간이라도 아이를 혼자 두지 않는다. 물을 사용한 놀이를 할 때에는 아이가 물에 빠지지 않도록 각별히 주의한다. 또한 아이가 입 속에 작은 물건(사진일지라도)을 넣지는 않는지 조심한다. 이는 질식의 우려가 있으며, 삼킬 경우 치명적인 결과를 가져올 수 있다. 색연필, 펜 등의 필기구는 무독성이며 3세 이하의 어린이가 사용 가능한 것인지 반드시 확인한다.

※이 책은 아이의 연령에 맞는 놀이들을 제시하고 있으나, 놀이에 앞서 특정 놀이가 아이에게 적합한지 확인한다. 아이들의 능력, 균형 감각과 민첩성은 개인별 편차가 매우 크기 때문이다.

※짐보리의 오랜 연구와 적용에서 나온 이 책은 부모님들에게 신뢰를 줄 것이다. 모든 놀이는 안전하게 어른의 감독 하에 진행해야 하며 책에서 제시한 충고와 방법을 부적절하게 적용해서는 안 된다.

차례

놀이의 종류

짐보리의 성과를 책으로 내며

앤서니 D. 펠레그리니 박사

1970년대부터 교직에 몸담은 이래, 아이들이 노는 모습은 나의 마음을 사로잡아 왔다. 왕성한 에너지와 기지, 호기심으로 가득 찬 아이들은 자연의 힘 그 자체이다. 아이들은 놀이가 인생의 전부인양 열정적으로 놀이에 임하는데, 이는 특히 생후 12개월 또는 24개월이 되면 최고조에 이른다. 유아들은 놀이를 통해 세상을 배우고, 앞으로 배울 것들에 대해 미리 준비한다. 나 역시 아이들이 노는 모습을 보며 이를 내 인생의 업으로 삼아야겠다는 영감을 받아, 지난 25년간 교육심리학 분야에서 놀이가 아이들의 사회적, 감정적, 인지적 발달 미치는 영향에 대해 연구해 왔다.

이제 나는 모든 놀이가 동일하지 않다는 것을 안다. 아이들을 텔레비전 앞에 몇 시간 동안 앉혀 놓는 것은 아이들에게 정신적, 육체적 자극을 주기에는 너무나 수동적인 방법이다. 또한 각 아이의 성격이나 놀이 방식을 고려하지 않은 채 획일적인 방법으로 놀게 하는 것 역시 좋은 방법이 아니다. 놀이를 통해 효과적인 결과를 낳기 위해서는 아이들간의 상호작용, 열정, 다양함, 그리고 약간의 통제를 필요로 한다. 또한 아이들이 보내는 신호에 민감하게 반응하며 용기와 애정을 줄 놀이 상대로 부모인 당신이 필요하다.

아이들은 부모를 단순한 놀이 상대로만 여기지는 않는다. 부모는 넘치는 에너지와 상상력으로 아이들 놀이에 동참해야 한다. 하지만 많은 부모들이 아이들과 어떻게 놀아주어야 하는지 몰라 당황해하는 경우가 많은데 바로 이런 이유로 이 책이 나오게 되었다. 지난 20여 년간 미국에서 가장 선구적인 부모와 자녀 놀이 프로그램을 제공한 짐보리는, 아이와 가족

이 함께 할 수 있는 창의적이고 생산적인 놀이 방법을 만들었다. 이러한 놀이는 여러 가지 성격의 놀이를 필요로 하는 아이의 요구를 중시하고 있다. 또한 놀이를 응용해 부모들이 놀이들을 다양하게 만들 수 있게 했으며, 자녀들의 성향과 능력에 맞게 놀이를 변형할 수 있도록 하였다. 무엇보다 이 책에 소개된 모든 놀이들은 짐보리의 철학인 "목적 있는 놀이"에 부합한다. 이 놀이들은 광범위한 인지적, 사회적, 육체적 능력을 육성하는 데 적합하도록 만들어졌으며, 매우 재미있기도 하다!

  나는 이 책이 풍부함과 영감의 원천임을 깨닫고 여러분이 몇 번이고 보게 될 것임을 확신한다.

앤서니 D. 펠레그리니 박사

목적 있는 놀이

이 **를 드러내고** 싱긋 웃든, 눈썹을 크게 찌푸리든, 놀고 있는 아이를 보는 것은 즐거운 일이다. 새로운 물건을 대할 때마다 보이는 (하지만 때로는 순식간에 사라지기도 하는) 집중력, 새로운 시도를 할 때마다 보이는 열정, 그리고 새로운 기술을 습득할 때마다 발산하는 기쁨을 통해 꼬마 탐험가들에게 놀이란 아주 중요한 일임을 알 수 있다. 놀이는 아이를 둘러싼 세계와 다른 사람들과 자

비눗방울은 신비로운 즐거움이면서 원인과 결과를 매혹적으로 보여준다.

14

기 자신에 대해 배우는 방법이자, 자신의 능력의 한계를 시험하고 그 한계를 뛰어넘는 방법이며, 모래의 물리학에서부터 사회 상호 작용의 기본 규칙들에 이르는 모든 것을 정복하는 방법이기도 하다.

유아기는 아이의 잠재력을 깨우는 데 더할 나위 없이 좋은 시기이다. 뇌는 아이를 둘러싼 환경의 큰 영향을 받으며 성장을 지속하고, 아이에게 노출되는 것(또는 노출되지 않은 것)은 전 생애에 걸쳐 큰 영향을 미친다. 이는 아이를 기르는 책임을 가진 부모들에게는 상당한 부담이 되기도 한다. 하지만 몇 가지 사실은 이 부담을 덜어 주어 작은 자신감을 심어준다. 첫째로 아이들은 태어나면서부터 배우는 것을 가장 중시한다. 둘째로 부모는 본능적으로 아이들이 필요로 하는 자극을 주게끔 되어 있다. 그리고 가장 중요한 것은, 놀이는 아이들에게 배움의 매개체이므로 여기에 동참하는 것은 부모는 물론 아이에게 가장 재미있는 일이라는 것이다.

놀 이 의 좋 은 점

놀이는 아이들에게 매우 자연스럽고 단순한 즐거움을 통해 정서적, 육체적, 지적 발달에 기여하는 효과를 가지고 있다. 놀이를 통해 아이는 의사소통하기, 셈하기, 문제 해결하기

외우기 쉬운 노래의 박자를 이해하면 협응력과 리듬감은 서로 협력하게 된다.

또한 놀이는 아이의 성격을 관찰할 수 있는 중요한 기회를 제공한다. 아이와 함께 놀면서 (혹은 아이가 다른 아이들과 노는 것을 지켜보면서) 아이가 장애물, 실패, 승리에 어떻게 반응하는지 알게 된다. 또한 점점 모습을 드러내는 아이의 재치 있는 유머 감각과 시간이 지날수록 발달하는 사회 적응력을 보게 될 것이다. 그리고 아이의 놀이 방식을 통해 아이의 감정, 태도 그리고 아이가 선호하는 배움 방식(말로 하거나 눈으로 보는 방식에 반응을 보이는지, 혹은 직접 손으로 만져보는 것을 좋아하는지)에 대해 알게 될 것이다.

등의 매우 중요한 기술을 습득한다. 아이는 공을 주고받거나 미끄럼틀을 올라가면서 전신 운동 능력을 키우고, 붓으로 색칠하고, 색연필로 그림을 그리면서 소근육 운동 능력을 높인다. 장난감 전화기에 대고 이야기를 하거나 거울 앞에서 모자를 썼다 벗었다를 반복하면서 아이의 상상력은 자란다. 또한 상대방의 이야기를 듣고 자신의 요구 사항과 기호를 전달하고자 노력하면서 아이의 언어 능력은 향상된다. 어려서부터 친구, 형제자매, 부모, 그리고 다른 어른들과 놀면서 타인과 어울리고 규칙과 법규를 지키는 것을 배운다. 이처럼 여러 가지 놀이에 집중하면서 아이는 집중과 인내를 배운다.

엄마와 함께 하는 기차놀이는 멋진 모험이다.

또한 놀이는 아이와 유대 관계를 맺기 위한 좋은 기회가 된다. 아이가 조용히 있을 때 꼭 껴안고 함께 그림책을 보거나 블록 놀이를 하면서 높은 탑을 쌓는 것은 아이에게 교감과 평화로움이라는 느낌을 전달한다. 아이가 약간 들떠 있으면 숨바꼭질이나 콩주머니 던지기를 함으로써 부모는 재미있는 존재이자 보살핌과 애정의 근원이라는 개념을 전달한다.

아이에게 새로운 기술을 가르치고, 아이의 노력에 대해 칭찬함으로써 당신은 늘 아이 곁에서 도움을 주고 아이의 발달을 격려한다는 것을 알기 쉽고 설득력 있게 증명하게 된다. 실제로 수많은 연구 결과 아이들은 사랑이 충만하고 협조적인 환경에서 가장 잘 배운다고 한다. 아이의 가장 열정적인 놀이 상대가 됨으로써 당신과 아이는 인생에 있어서 특별한 친밀감을 조성하게 될 것이다.

몇 개의 고무공으로 아이는 거리와 크기와 모양에 대해 배울 수 있다.

음악을 들으면서 아이와 격렬한 스킨십을 해 보자.

여 러 가 지 놀 이 방 법

이 책은 아이와 함께 즐길 수 있는 단순하고도 다양한 놀이를 제공하여 아이가 가장 멋진 유아기를 보낼 수 있도록 한다. 이 책은 손가락 놀이에서부터 노래 따라 부르기, 그림 그리기, 목욕 놀이 및 담요, 상자, 블록 등을 이용한 놀이 이외에도 풍부한 상상력과 창의력을 발휘하는 놀이를 소개한다. 또한 아이들에게 음악의 즐거움을 소개하고, 근육 발달과 체력 강화를 위한 놀이와 어휘를 습득시키는 여러 가지 방법을 담았다.

다양한 놀이는 아이의 신체적, 정신적, 사회적, 감정적 능력의 모든 주요 요소를 다루며, 성장 단계에 따라 신중하게 고안하고 선택했다. 고전적인 놀이도 있고, 짐보리에서 자체 개발한 놀이도 있지만, 모두 애정이 충만하며 교육적인 상호 작용을 키우도록 했다. 이는 아이가 배우는 데 도움이 되고, 아이와 부모 간의 끈끈한 유대 관계를 형성하도록 한다.

놀이와 배움은 서로 뒤얽혀 있지만, 각본에 맞춰진 경직된 방법을 취하는 것은 아니다. 이 책은 무엇보다 재미있으면서도 아이의 개월 수에 알맞은 성장을 촉진하는 놀이들에 초점을 맞추었다. 이 책에 실린 놀이들은 아이가 앞으로 배우게 될 모든 것의 튼튼한 기초를 세우는 데 도움이 될 것이다. 즉, 놀이를 통해 아이는 어떻게 배우는지를 자연스럽게 알아갈 것이다.

놀 이 시 작 !

놀이 지침은 딱딱하지 않고, 아이의 특정한 관심이나 선호도에 따라 자유롭게 변형할 수 있도록 간단하게 구성했다. 준비를 마친 뒤 한 걸음 뒤로 물러나 아이가 원하는 대로 탐색하고 실험하게 하자. 이로써 아이는 혼자 힘으로 무언가를 하고, 문제 해결 능력을 배우고 창의적인 사고를 하게 되며, 자신감과 자율성을 얻게 된다.

또한 안전한 놀이 공간을 마련하는 것 역시 독립심을 키우고 자극을 주는 데 도움을 준다. 안전유리와 각종 포스터로 아이 방의 벽을 장식하고, 천장에 야광별 스티커나 환상적인 바닷속을 떠올리는 야광 스티커를 붙이자. 낮은 책꽂이나 탁자에는 아이들이 좋아하는 장난감과 책, 미술용품들을 놓고, 통을 준비하여 장난감을 정리하도록 한다. 아이의 손이 닿는 곳에 바구니를 준비하고, 옷을 걸 수 있도록 옷

깔깔대며 몸을 흔드는 아이와 관련된 것이라면 어떤 노래라도 재미있다.

이 책에서 소개하는 놀이들은 아이들의 발달 단계의 척도가 되는 6개월 단위로 나뉘어 있다. 아이들의 발달 단계에는 편차가 있기 때문에 놀이별 연령대는 참고만 한다.

1 2 개 월 이 상

한 살짜리 아이들은 기거나 걷는 것이 세상에 대한 무한한 호기심에 동반된 움직임이라는 새로운 발견을 즐긴다. 지금까지 발달된 소근육 운동 능력으로 아이는 작은 물건을 집어 올리거나 블록 몇 개를 쌓을 수 있다. 이 시기의 아이들은 부모가 책을 읽어주거나 노래를 불러주는 것을 좋아한다. 아이들은 많은 단어를 이해하고, 몇몇 단순한 말에 반응을 보인다. 또한 대다수의 아이들이 몇몇 단어를 말하기 시작한다.

1 8 개 월 이 상

이 시기의 아이들은 눈에 보이는 모든 것을 탐색하고 손으로 쥐고, 맛보고, 움직이고 굴린다. 향상된 전신 운동 능력으로 아이들은 걷거나 뛰거나 기어오를 수 있고, 소근육 운동 능력으로 숟가락으로 음식을 먹거나 공을 던질 수 있다. 이 시기의 아이들은 촉각을 이용하는 놀이를 즐기고, 몸을 흔들어 음악에 대한 반응을 표현할 수 있다. 또한 열두 개 가량의 단어를 습득하여 두세 단어로 된 문장을 구사할 수 있다.

2 4 개 월 이 상

이제 아이들의 체력과 유연성과 균형 감각이 좀더 강화되고 향상되었다. 아이들은 병뚜껑을 열 수 있으며, 다른 여러 가지 일을 수행함으로써 소근육 운동 능력이 잘 발달되고 있음을 알 수 있다. 음악에 대한 열정은 계속되며, 상상력을 발휘하기 시작한다. 대부분의 아이들은 친구들과 함께 있는 것을 좋아하나, 같이 노는 것보다 나란히 앉아 따로 노는 경향이 있다. 두 살짜리 아이는 이백 개 이상의 어휘를 알고 있으며, 간단한 문장을 말하기 시작한다.

3 0 개 월 이 상

이 시기의 아이들은 달리기, 뛰어오르기, 세발자전거 타기, 술래잡기와 같이 자신의 신체 능력을 높이고 힘껏 사용하는 놀이를 좋아한다. 또한 미술용 붓이나 색연필을 쥐면서 소근육 운동 능력을 키운다. 아이들의 관심 범위는 넓어지며, 분류하거나 가려내는 놀이에 열정을 보이기도 한다. 유창하게 언어를 구사하고, 추상의 개념을 이해하기 시작하며, 상상력을 발휘하여 다양한 놀이를 한다.

걸이도 준비하자. 비싸고 정교한 장난감들을 쌓아놓는 것은 결코 중요하지 않다. 퍼즐이나 비눗방울 놀이 기구, 손가락 인형, 블록, 팽이, 공과 같은 고전적인 장난감은 아직까지도 여러모로 유용하고도 매력적인 장난감이다.

이 책과 친숙해지면 아이가 좋아하는 놀이를 반복하라. 아이들은 반복을 통해 많은 것을 얻는다. 반복을 통해 아이들은 배운 것을 시험하고 실험하고 연마하며, 성취감을 얻는다. (이와 관련된 더 많은 정보는 52쪽 '반복하는 놀이'를 참고할 것) 그리고 이 책에서 제시한 연령대의 놀이를 아이가 제대로 소화하지 못한다고 초조해하지 말라. 한 살짜리 아이는 공 주고받기 놀이에서 공을 잡고 있는 것을 어려워할 수 있는 반면, 두 살짜리 아이는 이 책에 실린 모든 노래나 손가락 놀이를 재빨리 습득할 수 있다. 아이들은 각자 자신만의 페이스에 따라 발달한다는 사실을 명심하라. (이와 관련된 더 많은 정보는 34쪽의 '아이만의 속도가 있다'를 참고할 것) 연령대는 단순한 참고자료일 뿐이고, 이 책은 아이만의 독특한 요구와 선호도를 만족시키는 다양한 놀이를 소개하고 있다.

이제 놀이용 옷을 입고 목소리를 가다듬은 뒤, 다음에 소개하는 놀이를 통해 아이의 세계에 들어가 이를 더욱 향상시켜 보자. 이 놀이들은 아이에게 보다 풍부하고 자극을 주는 환경을 만들어 줄 것이다. 그리고 아이의 첫 놀이 친구인 당신을 행복한 추억의 보물로 기억할 것이다.

세상의 모든 아이들은 나라와 다양한 인종을 뛰어넘어 모두 사랑스럽고 존귀하다. 세계 16개국 이상의 나라에 소개된 짐보리 유아 놀이 프로그램은 아이를 창조적이고 능동적으로 자라게 하는 데 목표를 두고 있다.

손가락유희는
아이의 언어 및 운동
능력에 도움이 된다.

짐보리 놀이 활동

이 책은 100가지 이상의 놀이를

소개하고 있다. 각 놀이는 아이들을
활기차고 즐겁게 만들 것이다. 또한
아이들과 함께 하는 시간을
더욱 재미있게 보낼 수 있도록 했다.
재미있는 손가락 놀이와 자연에서 걷기와 뛰기,
그리기와 쌓기에 이르기까지 다양하고
창의적인 놀이를 만나게 될 것이다.
이제 아이의 성향과 관심사에 가장 적합한
놀이를 선택해 보자. 간단한 도구와
최대한의 상상력으로 다양하고
다채로운 놀이를 즐길 수 있을 것이다.
책장을 넘기며 당신과 아이가
어떤 놀이를 하고 싶은지 결정하고
놀이를 시작하라!

짐보리 놀이 안내

대부분의 부모들은 아기에 대한 사랑은 넘치나, 아기와 같이 할 시간은 넉넉하지 않을 것이다. 이 책은 시간에 쫓기는 부모들이 한눈에 놀이 방법을 알 수 있도록 간단한 정보를 알려준다. 또한 각 놀이를 찾기 쉽고 이해하기 쉽도록 편집했다. 나아가 즉시 활용할 수 있도록 하여, 놀이 방법을 익히는 데 최소한의 시간을 투자하고 아기와 더 오랫동안 놀 수 있도록 구성했다.

부모를 위한 팁은 아이의 발달에 대한 이해와 각 월령 때에 겪는 육아의 어려움에 대처하는 귀중한 조언을 제공한다.

아이들의 컬러 사진은 아이와 부모, 혹은 아이와 형제자매가 놀이 활동을 하는 모습을 보여준다.

놀이에 부르는 노래나 동요의 가사를 노란 상자 안에 편집했다. 이때 사용할 수 있는 손유희와 몸유희도 함께 알려준다.

놀이의 종류는
성격에 따라 분류하여,
아이가 특별히 즐거워하는
놀이를 손쉽게 찾아볼 수
있도록 했다.

각 놀이는
간결하고 따라하기 쉬운
설명과 아이의 성장 단계에 맞춰
어떻게 응용하는지 설명을 담고 있다.

연령대 표시는
각 놀이를 시작하는 최적의 나이를 알려준다.
이 책은 네 개의 연령대로 나뉘어졌다.
연령별 발달 단계에 대한 상세 정보는 18쪽을 참고하라.
하지만 개인마다 발달 단계에 차이가 있으므로 연령별 구분은
아이에게 적합한 놀이를 찾기 위한 참고 자료로 활용한다.

발달 포인트는
각 놀이에서 주목해야 할
발달 과정과 각 놀이의
주요 장점에 대해 설명한다.

직접 만들어 보세요는
주변에서 손쉽게 구할 수 있는
저렴한 재료로 간단한
장난감이나 소도구를 만드는
방법을 소개한다.

아이가 이 놀이를 좋아한다면은
각 페이지에서 소개한 놀이와
주제나 성격이 비슷한 놀이를
알려주어 아이의 즐거움을
한층 높일 수 있도록 했다.

전문가의 도움말은 아이들이
어떻게 자라고 발달하고
배우는지에 대한 최근의
과학적 연구 결과를 보여준다.

생후12개월
1
이후부터

공 주고받기

재미있는 공놀이

발 달 포 인 트

공을 굴리거나 구르는 공을
멈추는 것을 배우면서 아이들은
전신 운동 능력과 눈과 손, 눈과
발의 협응력을 키운다. 또한 공이
아이에게 가까이 오기까지 얼마의
시간이 걸리는지 예측하게 되면서
시간에 대한 감각을 기르게 된다.

신체 인지	✔
협응력	✔
전신 운동 능력	✔

아이가 이 놀이를 좋아한다면
96쪽 파이프 묘기를 보세요

이 **시기의 아이들** 대부분은 공을 잡을 수 없지만 (이를 위해서는
신체 협응력이 요구된다) 공을 밀거나 발로 차고 손으로 쥐는 것
을 좋아한다. 야외의 풀밭이나 실내의 깨끗한 공간에 아이와 약
간의 간격을 두고 마주 보고 앉는다. 아이를 향해 공을 가볍게 굴린 뒤, 아이
가 당신을 향해 공을 굴리도록 도와준다. 아이가 이 동작에 익숙해지면 조금
씩 뒤로 가서 앉는다. 가볍게 공을 튕겨 보기도 하자.

공은 아이의 머리 크기만한 공이
적당하다. 아이가 겁을 먹지도 않고
손으로 잡는 데도 무리가 없다.

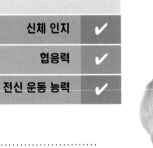

24

손가락 악단

상상의 악기를 연주하며 노래 부르기

상상력에 의존하여 악기를 연주하는 것은 이 시기의 아이들의 발달단계에 맞춘 적합한 활동이다. 아이가 클라리넷이나 트럼 펫 연주를 한 번도 들어 보지 못했다고 해서 걱정할 필요는 없 다. 어떤 악기든 아이는 당신의 손동작을 보고 따라하면서 즐거워할 것이 다. 손동작은 정확하고 활기차게 한다. 만약 아이가 처음부터 당신을 따라하 지 못한다면 아이의 손을 잡고 같이 한다. 아이가 점점 잘 따라하게 되면 노 래를 부르며 손가락 행진을 한다. 한 번은 큰 소리로, 또 한 번은 작은 소리로 노래를 부르고, 아이에게 차 이점을 설명해 주자.

노래를 시작하기 전에 아이를 무릎 위에 앉히고 손가락 악단을 소개한다.

악 기 놀 이

랄랄랄 랄랄랄랄 랄랄랄랄
악기놀이 합시다

피아노를 칩시다 딩동댕 딩동댕
피아노를 치면은 딩동댕 딩동댕
힘껏 쳐봅시다 딩동댕 딩동댕
가만히 쳐봅시다 딩동댕 딩동댕
랄랄랄랄 랄랄랄랄 랄랄랄랄
악기놀이 재밌다

나팔을 불어봅시다 따따따 따따따
나팔을 불어보면은 따따따 따따따
힘껏 불어봅시다 따따따 따따따
가만히 불어봅시다 따따따 따따따
랄랄랄랄 랄랄랄랄 랄랄랄랄
악기놀이 재밌다

✔ **눈과 손의 협응력**

✔ **언어 발달**

✔ **듣기 기술**

담요 놀이

균 형 감 각 을 길 러 주 는 즐 거 운 놀 이

발 달 포 인 트

담요 놀이는 자유와 독립을 의미하는 균형 감각을 강화한다. 균형 감각은 걷기, 뛰기 및 이보다 좀더 복잡한 신체 활동인 뛰어넘기, 심지어는 공중제비 돌기의 기본이기 때문이다. 또한 아늑한 느낌과 선명한 색깔의 담요는 흥미로운 장난감이기도 하다. 놀이 중에 아이에게 담요의 색깔을 말해주어 아이의 색깔 인지 능력을 키운다.

균형 감각	✔
촉각 자극	✔
시각을 통한 판별	✔

아이를 담요 썰매 위에 앉히고 담요를 잡아끌면 아이는 분명 즐거워할 것이며, 움직이는 담요 위에서 스스로 균형을 잡게 될 것이다. 양탄자 위나 바닥에 다양한 색깔의 담요 또는 매트를 놓고 그 위에 아이를 앉히거나 눕힌 뒤 가구나 뾰족한 모퉁이를 피해 천천히 끌고 돌아다닌다.

● 담요나 매트를 펼치고 아이를 그 위에 앉힌 뒤 담요의 끝을 잡는다. 만약 아이가 혼자 힘으로 설 수 있다면 아이가 서 있는 동안 담요를 위아래로 흔들어 아이가 담요의 색깔이나 모양을 관찰하도록 한다. 아주 가벼운 담요일지라도 제대로 서 있지 못하는 아이를 넘어뜨릴 수 있으므로 조심스럽게 다룬다.

누구에게 마법 양탄자가 필요할까?
아빠가 다양한 색깔의 담요나 매트를 끌면
아이의 꿈은 실현된다.

26

"앞으로 돌진!"

● 아이의 몸 위로 담요나 매트 같은 큰 천을 펼친 채 아이가 좋아하는 노래를 부르며 둥글게 걷는다('둥글게 둥글게' 노래를 불러주면 아이는 더 좋아할 것이다). 노래가 끝날 때쯤 담요를 내려놓는다. 여러 사람이 함께 하면 아이에게 더 즐거운 놀이가 된다.

아이가 이 놀이를 좋아한다면
*39쪽 동작 그만!*을 보세요. ▶

27

동요 부르기

동요는 오랜 세대를 이어오며 아이들에게 즐거움을 선사했다. 설령 가사 내용이 말이 되지 않더라도 쉽고 단순한 노랫말과 리듬은 전파력이 있으며 흥미로운 요소를 지니고 있다. 또한 의태어 의성어로 이루어진 노랫말은 언어를 흥미롭고 외우기 쉬운 것으로 이해시키며, 아이와 당신이 함께 즐길 수 있는 수준의 언어로 아이와 대화할 수 있도록 한다. 아래에 소개하는 유명한 동요를 부르며 당신만의 손유희나 몸동작을 만들어 보자.

곰 세 마 리

곰 세 마리가 한집에 있어
아빠곰 엄마곰 아기곰
아빠곰은 뚱뚱해 엄마곰은 날씬해
아기곰은 너무 귀여워 히쭉히쭉 잘한다

나 비 야

나비야 나비야 이리 날아 오너라
노랑나비 흰나비 춤을 추며 오너라
봄바람에 꽃잎도 방긋방긋 웃으며
참새도 짹짹짹 노래하며 춤춘다

봄 나 들 이

나리나리 개나리 입에 따다 물고요
　병아리떼 쫑쫑쫑 봄나들이 갑니다

얼 룩 송 아 지

송아지 송아지 얼룩송아지 엄마소도 얼룩소
엄마 닮았네 송아지 송아지 얼룩송아지
두 귀도 얼룩귀 귀가 닮았네

꼭 꼭 약 속 해

너하고 나는 친구 되어서 사이좋게 지내자
새끼손가락 고리 걸어 꼭꼭 약속해
싸움하면은 친구 아니야 사랑하고 지내자
새끼손가락 고리 걸어 꼭꼭 약속해
맛있는 것은 나눠 먹으며 서로 돕고 지내자
새끼손가락 고리 걸어 꼭꼭 약속해

알 파 벳 송

A B C D E F G
H I J K L M N O P
Q R S, T U V, W X, Y and Z,
Now I Know my A B C's
Next time won't you sing with me.

시 계

시계는 아침부터 똑딱똑딱
시계는 아침부터 똑딱똑딱
언제나 같은 소리 똑딱똑딱
부지런히 일해요

시계는 밤이 돼도 똑딱똑딱
시계는 밤이 돼도 똑딱똑딱
모두들 잠을 자도 똑딱똑딱
쉬지 않고 가지요

아이는 당신이 노래를
부르며 재미있는 손유희를
하는 것을 즐거워할 것이다.

29

비눗방울 놀이

비 눗 방 울 잡 기 놀 이

발 달 포 인 트

비눗방울을 뒤쫓아 손으로 잡아 터뜨리는 놀이는 눈과 손의 협응력, 감각 자극, 신체 인지 및 전신 운동 능력의 발달에 기여한다. 직접 비눗방울을 불어서 만들어 보면 아이는 인과관계에 대해 배울 수 있을 것이다. 또한 고체로 보이는 비눗방울이 손으로 쥐면 터진다는 사실을 경험하는 것은 아이의 첫 물리학 수업이 될 것이다.

직접 만들어 보세요

물 한 컵, 글리세린 한 숟가락(글리세린은 큰 약국에서 구할 수 있다), 주방용 세제 두 숟가락을 섞어서 비눗방울 용액을 만든다. 비눗방울대는 작은 플라스틱 컵 바닥에 구멍을 뚫어서 만들면 된다.

아이들의 넋을 빼앗을 정도로 즐거운 마법이 존재한다면, 그것은 분명 비눗물이라는 물약과 비눗방울대라는 요술지팡이의 결합일 것이다. 비눗방울을 입으로 불고 그 뒤를 쫓아 손으로 터뜨리는 것은 신체 활동을 촉진하고, 눈과 손의 협응력을 자극하며, '크다/작다, 높다/낮다'의 개념을 알려주는 좋은 계기가 될 것이다. 다양한 크기의 비눗방울을 만들어 내는 비눗방울대를 사용해 보자. 아이가 이 놀이를 너무 좋아한 나머지 아이가 가장 즐겨 말하는 단어가 '방울'이 되더라도 놀라지 말라.

● 큰 비눗방울대로 커다란 비눗방울을 만든 뒤 아이가 비눗방울을 잡아 터뜨리면 손뼉쳐 준다. 작은 비눗방울도 만들어 본다. 작은 비눗방울을 만들 때는 힘껏 불고, 커다란 비눗방울을 만들 때에는 천천히 분다. 비눗방울을 위쪽으로 불면서 '위', 아래쪽으로 불면서 '아래'라고 말한다.

● 아이를 밖으로 데리고 나가 비눗방울을 만든다. 나뭇잎을 살랑살랑 흔들고, 아이의 머리카락을 스치는 바람은 비눗방울을 멀리 데려가기도 한다고 설명한다. 비눗방울을 불 때에는 뒤로 움직여서 아이가 비눗방울을 잡을 수 있도록 한다.

눈과 손의 협응력	✔
전신 운동 능력	✔
언어 발달	✔
촉각 자극	✔

비눗방울은 아이를 매우 즐겁게 할 것이다.
아이는 비눗방울을 따라가고 터뜨리면서
신체 협응력과 전신 운동 능력을 키우게 된다.

짝 짝 짝 눈코입

몸 을 움 직 이 며 노 래 부 르 기

발 달 포 인 트

이 시기의 아이들에게 신체 각 부위의 명칭을 알고 자신의 손, 발, 팔의 움직임을 제어하는 법을 배우는 일은 매우 중요하다. 아이는 당신이 노래를 부르며 가리키는 신체 각 부위를 차츰 인지하게 될 것이고, 손발을 움직이고 입술을 떼었다가 붙이는 연습을 하게 될 것이다.

신체 인지	✔
전신 운동 능력	✔
듣기 기술	✔
사회성	✔

아이가 자기 몸의 명칭을 이해할 수 있도록 신체 부위과 관련된 동요를 불러보자. 이 놀이는 아이가 몸동작과 해당 단어를 연결시켜 이해하도록 도와준다. 리듬과 박자를 맞춰 단어와 동작을 연결시키는 것은 아이의 리듬감을 강화할 것이다. 아이는 리듬을 느끼고 이를 자신의 몸을 이용하여 표현할 것이기 때문이다.

● 아이들은 신체의 명칭을 익히는 데 열중하므로, 노래를 부르면서 손, 팔, 입은 큰 소리로 정확히 발음하여 강조한다. 처음 노래를 부를 때에는 각 단어의 뜻을 명확히 전달하기 위해 몸동작을 크게 한다.

● 이 놀이는 여러 가지로 변형할 수 있다. 아이에게 무릎을 치거나, 엉덩이를 흔들거나 고개를 젓도록 해 보자.

● 아이가 노래를 완전히 익히고 나면, 발을 쳐야 할 때 손뼉을 치는 등 일부러 틀린 동작을 해 보자. 아이는 더욱 흥미를 느끼며 재미있어 할 것이다.

아이가 이 놀이를 좋아한다면 57쪽 나처럼 해 봐요를 보세요

당신이 손뼉을 치고 발을 구르는 것을 따라하면서 아이는 즐거움을 느낄 것이다.

생후 12개월 1 이후부터

엄 지 어 디 있 소

엄지 어디 있소 엄지 어디 있소
여기 나와 있소 여기 나와 있소
안녕하오 오늘 재미있소 오늘
날아가오 날아가오

무릎 어디 있소 무릎 어디 있소
여기 나와 있소 여기 나와 있소
안녕하오 오늘 재미있소 오늘
날아가오 날아가오

배꼽 어디 있소 배꼽 어디 있소
여기 나와 있소 여기 나와 있소
안녕하오 오늘 재미있소 오늘
날아가오 날아가오

착 하 고 아 름 답 게

반짝반짝 빛난 눈동자
앵두같이 예쁜 그 입술
아장아장 걸음마하며
착하고 아름답게 자라납니다

눈 눈 눈

눈눈눈 책을 보고요
코코코 숨을 쉬고요
입입입 말을 하고요
귀귀귀 노래 듣지요

머리머리머리 생각하고요
가슴가슴가슴 따뜻한 마음
손손손 일을 하고요
발발발 걸어가지요

요 기 여 기

눈은 어디 있나 요기
코는 어디 있나 요기
귀는 어디 있나 요기
입은 어디 있을까 요기

엄마눈은 어디 있나 요기
엄마코는 어디 있나 여기
엄마귀는 어디 있나 요기
입은 어디 있을까 여기

아이만의 속도가 있다

아기들은 생후 6개월이 되면 앉는다. 9개월째에는 옹알이를 시작한다. 7개월째에는 기고 한 살이 되면 걷는다. 일반적인 육아서에서 소개하는 아기들의 성장 과정에 비해 자신의 아이가 몇 주 혹은 몇 달 앞서면 부모들은 이를 아주 대단히 여기고, 조금이라도 늦으면 기겁을 한다. 소아과 전문의들은 이러한 성장 과정을 십계명처럼 여기는 반면, 오늘날 대부분의 일반의들은 완벽하게 건강한 아이라도 성장에 있어서 큰 편차를 보인다는 것에 동의한다.

어떤 아기들은 2개월에서 6개월 사이에 먼저 몸을 구른다. 처음 말하는 시기는 12개월이나 그 후가 될 수 있고, 미래의 축구 스타는 빠르면 8개월부터, 늦으면 18개월부터 걷기 시작한다. 대부분의 아이들은 일반적인 성장 과정에 따라 자라지만, 몇몇 아이들은 일부 과정을 (예를 들

면 기기) 건너뛰기도 한다. 대신, 근육 사용과 신체 협응력이 준비되면 바로 일어나 걷기 시작한다. 아기들의 성장 과정은 신경과 근육 발달의 문제로, 이 두 가지는 유전 및 환경의 영향을 받는다. 예를 들어 가족 중에 걸음을 늦게 시작한 사람들이 있다면 아이는 첫걸음을 늦게 뗄 수 있다. 대부분의 아이들은 어떤 것은 빠른 반면 어떤 것은 더디다. 아주 드물게 뒤늦은 성장은 심각한 문제를 야기하기도 하나, 대부분의 경우 아이만의 속도에 따라 성장한다. 교육심리학자인 제인 힐리는 그의 저서 『아이의 자라나는 마음(Your Child's growing mind)』에서 다음과 같이 말한다. "성장이 약간 더딘 아이는 실제로 다른 아이들과 똑같은 속도로 성장하고 있다. 아이는 좀더 천천히 가는 것뿐이고, 이는 다른 아이들과 똑같은 목적지에 도달할 수 있음을 의미한다."

꼬마거미

생후 12개월 이후부터 **1**

아 이 들 이 좋 아 하 는 첫 손 가 락 놀 이

영한 이 노래를 부르면서 당신은 운이 없는 거미가 기어 올라가는 모습을 재미있는 손유희로 묘사할 수 있다. 노래와 손유희를 반복하면서, 당신은 아이를 즐겁게 할 뿐만 아니라 아이의 청력과 언어 능력을 자극하게 된다. 아이의 배 위를 기어가는 거미의 모습이나 아이의 어깨 위로 떨어지는 빗방울을 손가락으로 흉내내 보자. 그리고 아이가 양팔을 들어 올려 해를 만들도록 도와주자. 아이가 이 놀이에 익숙해지면 노래를 부르면서 직접 손가락 동작을 하도록 유도한다. 머지않아 혼자서도 잘하는 아이의 모습을 보며 놀라게 될 것이다.

꼬 마 거 미

거미가 줄을 타고 올라갑니다
거미가 줄을 타고 올라갑니다
(손가락을 위쪽으로 움직인다)

비가 오면 부서집니다
(손가락을 아래쪽으로 향해 비가 내리듯 좌우로 흔든다)

햇님이 방긋 솟아오르면
(손을 위로 올려 동그랗게 해 모양을 만든다)

거미가 줄을 타고 내려옵니다
거미가 줄을 타고 내려옵니다
(다시 손가락을 아래쪽으로 움직인다)

✔ **소근육 운동 능력**

✔ **청력**

✔ **촉감 자극**

엄마와 함께 기어 올라가는 거미의 모습을 흉내내는 것은, 아이의 청력과 언어 능력의 향상은 물론 소근육 운동 능력의 발달에 도움이 된다.

베갯길 걷기

베 개 위 로 첫 걸 음 떼 기

발 달 포 인 트

움직임과 탐색은 이 시기 아이들의 최대의 관심사로, 흥미로운 환경에서 활동하는 기회는 아이에게 즐거움을 선사할 것이다. 이 놀이는 대근육을 이용하여 운동 능력을 형성하고, 예상치 못한 물리적 장애물을 극복하여 신체의 균형 감각과 협응력을 향상시키는 훌륭한 방법이다.

거실이나 침실 곳곳에 베개와 쿠션으로 안전한 장애물 길을 만든다. 길은 방을 따라 지그재그 모양이 되도록 한다.

● 베갯길을 기거나 걸어서 완주하도록 한다. 아이가 혼자 걸을 수 있더라도 베갯길은 고르지 않고 울퉁불퉁하기 때문에 아이가 걷는 동안 손을 잡아준다. 아이가 혼자 힘으로 잘 서 있게 되면 베개 위로 혼자서 몇 걸음 걷도록 하되, 아이가 넘어질 경우를 대비해 곁에 있자. 아이가 균형을 잘 잡을 수 있도록 양말과 신발을 벗겨준다.

● 베개 두어 개를 쌓아 길의 높이를 조정한다. 베갯길이 탁자 아래를 지나가도록 하여 아이의 흥미를 돋우거나 베개를 방 주위에 둘러놓아 아이가 긴 의자와 소파 옆을 지날 수 있도록 한다. 이 때 가구의 뾰족한 모퉁이를 조심한다.

● 다양한 크기와 색깔, 질감의 쿠션과 베개를 이용하여 재미있는 길을 만든다. 아이가 장애물을 손이나 발로 느끼기 위해 자주 걸음을 멈추어도 놀라지 말라. 장애물을 마음껏 탐험하도록 한 뒤 다시 걷도록 천천히 유도한다.

균형 감각	✔
신체 인지	✔
눈과 발의 협응력	✔
전신 운동 능력	✔

◀ 아이가 이 놀이를 좋아한다면
26쪽 담요 놀이를 보세요.

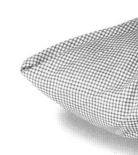

아빠의 도움으로
아이는 베갯길 위를
걷고 있다.

전 문 가 의 도 움 말

아기들이 걸음마를 시작하는 시기의
큰 편차는 (보통 7개월에서 18개월
이내에 걸음마를 한다) 걷기라는
믿을 수 없을 정도로 단순한 행위의
복잡함을 반영한다. 몸과 마찬가지로
마음도 첫걸음을 걷는 데 집중하며,
계획적이고 제어된 움직임을 위해
신경 세포가 원활하게 작동되는 데
시간이 필요하다. 또한 아이는 다리에
충분한 근육을 키우고 균형 감각과
협응력에 대한 감각을 연마해야
하는데, 이 둘의 습득은 성장 속도에
따라 다르다.

모자를 쓰자!

여 러 가 지 모 자 를 써 보 자

발 달 포 인 트

당신과 아이가 쓰고 있는 모자에 대해 이야기함으로써 아이는 훗날 자신의 어휘의 일부가 될 새로운 단어들을 듣게 된다. 또한 여러 가지 모자를 쓰고 있는 당신의 모습을 보여줌으로써 아이는 당신의 외모가 약간 바뀌더라도 엄마라는 것을 알게 된다. 아이의 개월 수가 좀 지나면, 여러 가지 모자를 써 보며 상상력을 자극하는 역할 놀이를 해 보자.

개념 발달	✔
언어 발달	✔
사회성	✔

아이는 야구 모자를 거꾸로 쓴 당신을 보고 싱긋 웃을 것이다. 이제 아이의 머리에 여러 가지 모자를 번갈아 씌우면서 아이의 얼굴이 환하게 빛나는 것을 보자. 할인점이나 할머니의 다락방에서 재미있는 모자들을 찾아보자. 그리고 거울 앞에 아이와 함께 앉아 여러 가지 모자들을 써 보자. 아이에게 모자의 모습을 설명하기 위해 다양한 형용사를 사용하는 것은 ("이 큰 모자는 빨간 색이야." "모자 위의 깃털들은 부드럽단다.") 아이의 어휘력을 늘리는 좋은 계기가 될 것이다.

● 아이가 두 살 즈음이 되면 여러 가지 모자를 쓰고 역할 놀이를 하며 즐거운 시간을 보낼 수 있을 것이다.

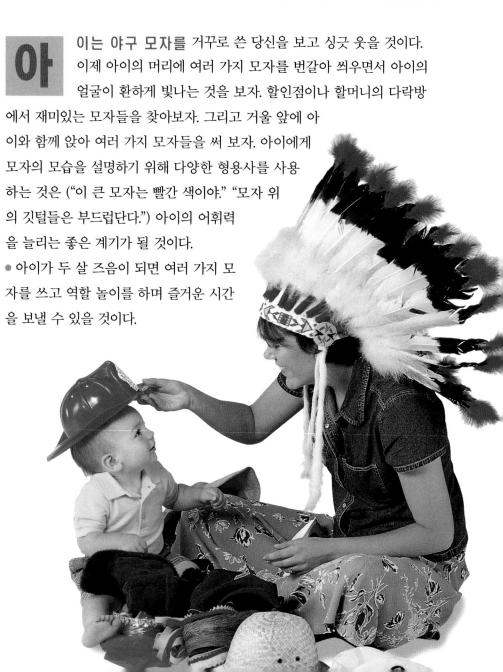

아이에게 소방관의 모자를 씌운 후 불자동차 소리를 들려준다. 이처럼 다양한 모자를 씌우고 그와 관련된 소리를 들려준다면 아이는 무척 즐거워할 것이다.

동작 그만!

즐 겁 게   춤 을   추 다 가   그 대 로   멈 춰 라

당신이 아이를 안고 빙빙 돌며 춤을 추는 동안 다른 사람에게 음악 테이프나 CD의 소리 크기 조절을 부탁하거나, 중간 중간에 공백이 있도록 테이프를 직접 녹음한다. 아이를 안고 있다가 음악이 시작되면 다소 과장된 몸짓으로 아이를 양옆으로 흔들거나 위로 올렸다 내린다. 음악이 멈추면 동작을 멈춘다. 음악이 시작되면 다시 움직이다가 음악이 멈출 때마다 동작을 멈춘다. 큰 아이들은 혼자 힘으로 춤을 추다가 멈출 수 있을 테지만, 대부분의 아이들은 엄마의 품 안에서 멈추는 것만으로도 행복해 한다.

발 달 포 인 트

아이를 품에 안고 춤을 추면 아이는 리듬을 경험하게 되고, 이는 언어와 음악 능력을 발달시키는 중요한 첫걸음이 될 것이다. 또한 춤을 추다가 갑자기 멈추면 아이는 당신의 품 안에서 몸의 균형을 잡는 법을 익히게 된다. 음악을 켰다 껐다 하는 것은 아이를 즐겁게 함은 물론 청력을 발달시킨다.

✔ **균형 감각**

✔ **청력 발달**

✔ **사회성**

랄랄라~ 음악에 맞추어
춤을 추는 것,
특히 춤을 추다가 갑자기
멈추는 것은
아이를 즐겁게 하는 가장 확실한 방법이다.

반짝반짝 작은 별

생명력이 있는 노래들은 여러 세대를 거치며 전해진다. 부모와 조부모들은 어렸을 때 가장 좋아했던 노래를 아이와 함께 부를 수 있는 기회를 갖는다. 이런 노래들은 새롭고 재미있게 개사하여 부를 수 있다. 아래 노래의 가사를 여러 가지로 개사해 함께 불러 보자. 창의적인 율동을 곁들이면 더욱 즐거워진다.

'작은 별'을 부르며
손유희를 곁들인다면 아이는 무척 좋아할 것이다. 새로운 가사를 붙이면 수없이 다양한 노래를 부를 수 있다.

작 은 별

반짝반짝 작은 별
(손을 들고 주먹을 쥐었다 폈다 한다)

아름답게 비치네
서쪽 하늘에서도
(왼쪽 하늘을 가리킨다)

동쪽 하늘에서도
(오른쪽 하늘을 가리킨다)

반짝반짝 작은 별
아름답게 비치네
(손을 들고 주먹을 쥐었다 폈다 한다)

40

어 린 송 아 지

어린 송아지가 부뚜막에 앉아
울고 있어요
엄마아 엄마아 엉덩이가 뜨거워

어린 송아지가 얼음판에 앉아
울고 있어요
아빠아 아빠아 엉덩이가 시려워

어린 ○○○ 엄마 무릎에 앉아
웃고 있어요
엄마아 엄마아 엉덩이가 간지러워

어린 ○○○ 엄마 무릎에 앉아
춤추고 있어요
엄마아 엄마아 엉덩이가 신나요

도 레 미 송

도는 하얀 도화지
레는 둥근 레코드
미는 파란 미나리
파는 예쁜 파랑새
솔은 작은 솔방울
라는 라디오고요
시는 졸졸 시냇물
다 함께 부르자

도레미파솔라시 도도시라솔파미레
도미미 미솔솔 레파파 라시시
도미미 미솔솔 레파파 라시시
솔도라파 미도레 솔도라시 도레도
도레미파솔라시 도솔도

즐거운 노래 부르기

발 달 포 인 트

외우기 쉬운 가사와 따라하기 쉬운 동작으로 이루어진 노래는 여러 가지 능력을 키워준다. 노래를 반복하면서 청력 발달이 촉진되고, 손유희는 각 단어의 의미를 이해하는 데 도움이 된다. 아이는 운동 능력과 기억력이 향상됨에 따라 대부분의 손유희를 쉽게 따라할 것이고, 다음에 해야 할 동작을 미리 예상할 수 있을 것이다.

신체 인지	✔
개념 발달	✔
협응력	✔
언어 발달	✔
청력 발달	✔

이 노래는 모든 아이들이 좋아할 것이다. 여러 가지 자세로 노래를 부를 수 있으나, 아이를 무릎 위에 앉혀 마주보거나 앞을 향해 앉혀서 노래하는 것이 가장 좋다. 아이를 무릎 위에 앉힌다면 아이의 손을 잡고 동작을 알려주자.

● 우선 노래를 부르며 아이에게 여러 가지 손유희를 보여주고, 아이가 따라하도록 한다.
● 새로운 가사를 만들고 그에 따르는 손유희를 하는 데 망설이지 말자. 아이는 엄마의 창작품을 더 좋아할 것이다.

아이와 함께 차를 타고 가면서 바퀴가 어떻게 굴러가는지, 와이퍼가 어떻게 쓱싹쓱싹 움직이는지 보여주자.

코 끼 리 아 저 씨

코기리 아저씨는 코가 손이래
과자를 주면은 코로 받지요
코끼리 아저씨는 소방수래요
불나면 달려와 모셔가지요

우 리 모 두 다 같 이

우리 모두 다같이 손뼉을(짝짝)
우리 모두 다같이 손뼉을(짝짝)
우리 모두 다같이 즐거웁게 노래해
우리 모두 같이 손뼉을(짝짝)

우리 모두 다같이 발굴러(쿵쿵)
우리 모두 다같이 발굴러(쿵쿵)
우리 모두 다같이 즐거웁게 노래해
우리 모두 같이 발굴러(쿵쿵)

뽀 뽀 뽀

아빠가 출근할 때 뽀뽀뽀
엄마가 안아줘도 뽀뽀뽀
만나면 반갑다고 뽀뽀뽀
헤어질 때 또 만나요 뽀뽀뽀
우리는 귀염둥이 뽀뽀뽀 친구
뽀뽀뽀 뽀뽀뽀 뽀뽀뽀 친구

토 끼 야

토끼야 토끼야 산 속의 토끼야
겨울이 되면은 무얼 먹고 사느냐
흰눈이 내리면은 무얼 먹고 사느냐

겨울이 되어도 걱정이 없단다
엄마가 아빠가 여름 동안 모아논
맛있는 먹이가 얼마든지 있단다

정 글 숲

정글숲을 기어서 가자
엉금엉금 기어서 가자
늪지대를 넘어서 가자
악어떼가 나올라 (악어떼)

정글숲을 지나서 가자
엉금엉금 기어서 가자
늪지대를 기어서 가자
호랑이가 나올라 (어흥)

정글숲을 지나서 가자
엉금엉금 기어서 가자
늪지대를 기어서 가자
○○○가 나올라 (○○○)

아이가 이 놀이를 좋아한다면
35쪽 꼬마거미를 보세요

생후 12개월 이후부터

부엌 악단

발 달 포 인 트

아이들이 인과관계를 익히는 여러 방법 중 하나는 여러 가지 물건으로 소리를 내는 것이다. 아이는 그릇을 쳐서 소리를 냄으로써 혼자 힘으로 소리를 만들 수 있다는 것을 터득한다. 놀이를 계속함으로써 신체 협응력과 리듬에 대한 이해력을 높이고, 수납장 안의 다양한 악기들을 실험하면서 재미있는 소리를 수없이 만들 수 있음을 알게 된다.

바닥과 가까운 부엌의 수납장을 비운 뒤, 튼튼한 나무 숟가락, 여러 크기의 스테인리스 그릇, 가벼운 프라이팬(팬케이크용 프라이팬이나 달걀 프라이용 프라이팬 같은 작은 프라이팬일수록 좋다), 나무 그릇, 스테인리스 냄비 뚜껑, 플라스틱 계량컵으로 수납장을 채운다. 악기의 종류가 많을수록 다양한 소리를 만들 수 있으니, 소리를 낼 만한 것은 다 넣는다. 장난감 악기가 있다면 같이 넣도록 한다.

● 개월 수가 많은 아이와는 '동작 그만' 형식으로 놀이를 한다. 아이가 지휘자인 당신의 안내에 따라 음악을 연주하다가 멈추고 다시 연주하도록 한다.

● 꼬마음악가에게 힘차게, 부드럽게, 천천히, 빠르게 등 여러 가지 방법으로 소리를 내보게 한다. 아이에게 각각의 차이점을 들려주기 위해 먼저 시범을 보인다.

● 아이가 좋아하는 음악이나 노래를 틀고 거기에 맞춰 소리를 내도록 한다. 이때 박자가 빠른 노래가 더 흥을 돋운다.

원인과 결과	✓
협응력	✓
청력	✓
리듬의 발견	✓

미래의 음악가인 아이는 자신의 상상력으로 모든 물건을 악기로 변신시킨다.

교육심리학자인 제인 힐리는 부엌 연주회의 요란스러운 소리는 아이의 뇌에 보약이라고 말한다. "소리를 내거나 시각 이미지를 제공하는 장난감은 인식력을 발달시키는데, 아이가 이 장난감들과 상호 작용할 수 있는 것이 중요하다. 버튼을 누르면 전기 장치를 통해 소리가 나는 것보다 아이가 직접 프라이팬 두 개를 부딪쳐 소리를 내는 것이 훨씬 효과적이다. 아이는 원인과 결과를 연관짓고, 무엇이 소리를 내는지 알게 될 것이다."

45

까꿍놀이

익 숙 한 얼 굴 과 이 름 연 결 하 기

발 달 포 인 트

이 놀이는 시각을 통한 기억력과 소근육 운동 능력을 키워준다. 특히 이 놀이는, 어떤 단어와 그에 해당하는 시각적인 이미지를 연결함으로써 훗날 읽기와 쓰기를 배울 때 필요할 언어 능력을 쌓는 데 도움이 된다. 아이의 어휘력이 증가하면 상자 안에 새로운 사진을 붙여 보기도 하자.

신발 상자, 또는 선물 포장 상자들을 한데 모은다. 가족들의 사진 혹은 아이가 쉽게 알아볼 수 있는 물건(살림살이, 동물, 장난감)의 사진을 잘라 상자 뚜껑 안쪽에 한 장씩 붙인다. 아이와 함께 각 상자를 열어 뚜껑에 붙은 사진에 대해 이야기한다. 아이가 놀이에 익숙해지면 상자를 열어 그 안에 무엇이 보이는지 이야기하도록 한다. 아이가 이 놀이를 완벽하게 할 줄 알게 되면(보통 두 살 전후) 아빠, 말, 또는 공의 사진이 어느 상자에 있는지 질문하여 아이의 기억력을 테스트해 보자.

상자 뚜껑 아래에서 엄마, 아빠 혹은 애완견의 사진을 찾는 것은 발견에 대한 감각을 키우면서 시각을 통한 기억력을 강화하는 좋은 방법이다.

소근육 운동 능력	✔
언어 발달	✔
사회성	✔
시각을 통한 기억	✔

생후12개월
1
이후부터

재미있는 밟기 놀이

발 가 락 으 로 감 촉 느 끼 기

몇 개월간 아장아장 걷던 아이들은 이제 걷기의 즐거움에 익숙해진다. 따뜻한 모래나 부드러운 조약돌, 차가운 콘크리트 바닥, 촉촉한 잔디밭, 끈끈한 진흙 등 다양한 감촉 위를 맨발로 걷게 하여 아이의 호기심을 한껏 자극하자. 아이의 개월 수가 많아지면 따뜻하다/차갑다, 따갑다/부드럽다 같은 단어를 알려준다. 아이의 발이 더러워졌다면 따뜻한 비눗물에 아이의 발을 씻긴 후 계속 하면 된다.

발 달 포 인 트

맨발로 걷는 것은 신발을 신고 걷는 것보다 아이들에게 훨씬 쉽다. 몸의 균형을 잡는 데 작은 발가락을 이용할 수 있기 때문이다. 아이는 생소한 감촉의 표면 위를 걸으며 즐거워할 것이고, 다양한 재료의 질감과 이를 설명하는 몇몇 단어들을 익히게 될 것이다.

아이는 맨발로 부드러운 잔디밭의
감촉을 느끼며 즐거워할 것이다.
당신도 신발을 벗고 함께 동참하자!

✔ **신체 인지**

✔ **언어 발달**

✔ **감각의 발견**

✔ **촉각을 통한 판별**

47

상자로 만든 집

작은 놀이 공간 만들기

발 달 포 인 트

터널 아래로 기어다니는 것은 운동 근육의 협응력과 공간 인지 능력을 키운다. 그리고 엄마, 아빠와 '까꿍놀이'를 하는 것은 사회성을 발달시킨다. 집을 꾸미는 것은 좀더 큰 아이들에게 자신이 좋아하는 것과 싫어하는 것에 대해 말하고, 아이가 지닌 예술적 감각을 표현하는 방법을 익힐 수 있도록 한다.

직접 만들어 보세요

직사각형 상자로 훌륭한 터널을 만들 수 있다. 정사각형 상자로는 예쁜 집을 만들 수 있다. 집과 비슷하게 보이기 위해 실제 벽지와 펜을 이용하여 집을 꾸민다. 집이 무너지지 않도록 상자 밑이 바닥에 닿아 있는지 확인한다.

혼자만의 독립 공간을 갖는 것은 아이에게 가장 큰 즐거움이다. 종이 상자로 만든 마을에서 아이는 자신만의 세계를 갖게 된다. 이 마을은 만들기 매우 쉽다. 상자의 끝과 끝을 연결하여 아이가 기어다니고 숨을 수 있는 터널을 만들고, 전자제품 상자처럼 큰 상자로 완벽한 놀이 공간을 만들 수 있다.

● 아이가 직접 여닫을 수 있도록 상자 양면에 문과 창문을 만든다. 아이가 집 안에서 밖을 볼 때마다 안녕놀이, 까꿍놀이를 하면 독립심도 키워줄 수 있다.

● 종이 상자로 만든 집 안에 여러 가지 질감의 이불이나 매트를 깔고 한 구석에는 장난감 악기를 놓는다. 그리고 바구니에 여러 가지 색깔의 물건을 담아 아이가 이를 채웠다가 비울 수 있게 하여 감각의 공간을 만들어 보자.

전신 운동 능력	✔
감각의 발견	✔
사회성	✔
촉각 자극	✔

아이가 이 놀이를 좋아한다면 78쪽 숨바꼭질을 보세요 ▶

"안녕하세요, 집에 누가 있나요?"

종이로 만든 놀이 공간은 아이에게 독립심을
길러준다. 엄마가 바로 곁에 있기 때문에
아이는 마음 놓고 놀 수 있다.

이것은 무엇일까요

책 벌 레 를 키 우 자

발 달 포 인 트

언어를 배우는 데 있어서 독서는 매우 중요한 수단이다. 아이들은 대부분의 문법 규칙을 엄마와 다른 어른들이 말하는 것을 들으면서 익힌다. 또한 최근 연구들은 아이의 어휘력은 의미 있는 문장들을 얼마만큼 듣는가에 따라 차이가 난다고 한다. 그러므로 당신이 아이에게 많이 읽어줄수록 아이는 보다 뛰어난 언어 능력을 지니게 될 것이다.

언어 발달	✔
청력	✔
시각을 통한 판별	✔
시각을 통한 기억	✔

아이는 아직 말을 하지도 당신이 하는 말의 대부분을 알아듣지도 못하지만, 아주 어린 아이라도 엄마 아빠나 할머니 할아버지와 함께 책 읽는 것을 매우 좋아한다. 아이는 책을 읽으면서 느끼는 리듬을 좋아하고, 책의 그림을 통해 세상을 배운다.

● 아이가 잘 아는 물건들의 선명한 사진이 있는 책을 읽으면서 각 물건을 아이에게 가리켜 보여준다. 의자, 집, 차와 같이 일상생활에서 접하는 단어들을 익히는 데 도움이 될 것이다.

● 헝겊, 플라스틱 또는 두꺼운 종이로 만든 책을 고른다. 이런 재질의 책은 아이가 책을 물어뜯거나 손으로 찢으려 할 때 일반 종이보다 훨씬 오래 견딜 것이다. 또한 두툼한 표지의 책은 아이가 손으로 쥐기 좋다.

● 긴 설명이나 어려운 단어는 건너뛴다. 줄거리는 요약하고, 그림이나 사진을 설명하는 데 많은 시간을 할애하자. 이렇게 하면 아이는 좀더 오랫동안 책에 집중할 수 있으며, 관찰력을 키우게 된다.

● 책을 읽으면서 의태어나 의성어, 재미있는 단어들을 강조하여 아이가 재미를 느끼도록 한다.

● 아이들은 오랜 시간 앉아 있을 수 없으므로 아이가 얼마나 오랫동안 집중할 수 있는지 확인하며 책을 읽는다. 책을 읽다가 아이가 장난감을 갖고 놀거나 혼자 있고 싶어 하면 그냥 내버려 둔다. 아이가 한창 즐거워할 때 잠시 쉬는 것은 평생을 같이 할 독서라는 취미와 긍정적인 관계를 맺게 해준다.

줄거리를 이해하기에는 너무 어릴지라도 색색의 그림과 단순한 리듬의 문장, 그리고 할머니 목소리를 들으며 아이는 즐거워할 것이다.

대부분의 교사들은 취학 연령의 아이들에게 책을 읽어줄 것을 권장하지만, 카네기 협회에서 발표한 1994년의 보고서에 따르면 미국의 아이들 중 절반만이 이러한 독서를 경험한다고 한다. 『당신의 아기와 아이(Your baby and child)』의 저자 페넬로프 리치는, 배움과 즐거움의 도구인 독서에 어려서부터 노출되는 것은 "책과 친해지고 책의 가치를 익히는" 데 도움이 된다고 말한다. 또한 아이가 다양한 그림책과 이야기책을 접하게 할 것을 권하고, 많은 시간을 할애하여 책에 실린 그림에 대해 아이들과 이야기할 것을 제안한다. 리치는 "그림을 읽음으로써 훗날 글도 읽을 수 있게 된다"고 말한다.

반복하는 놀이

당신은 아이와 함께 공 굴리기를 반복해서 하는 것이 지루하고 따분하게 느껴지는가? 아이가 좋아하는 책을 몇 번이고 반복해서 읽어주는 게 지루한가? 이럴 때 당신은 아이에게 좀더 다양한 놀이를 시켜야 하거나 아이가 좋아하는 몇몇 놀이만 반복하는 것은 피해야 한다고 생각할지도 모른다.

반복 행위는 당신의 인내심을 시험하는 것이 될 수도 있다. 하지만, 아이의 성장에 있어서 반복의 중요성을 과소평가하지 말아야 한다. 교육심리학자인 제인 힐리는 저서『아이의 자라나는 마음(Your child's growing mind)』에서 "신경 조직의 숙달을 위해 하나의 놀이는 여러 번 반복해야 한다"고 주장한다. 즉, 매일 저녁 아이에게 같은 이야기를 들려줌으로써 한 단어와 그 단어에 해당하는 사물을 연결하는 데 필요한 뇌 세포를 자극한다는 것이다. 예를 들어 공 굴리기를 반복하다 보면 아이의 눈과 손의 협응력이 얼마나 향상

되는지 확인할 수 있다. 이처럼 간단한 놀이를 통해, 제임스 조이스의 『율리시즈』의 숨은 의미를 이해하거나 메이저리그 야구 경기를 하는 것과 같은 좀더 복잡한 행동을 할 수 있게 된다. 게다가 아이들은 어른과 달리 반복하는 것을 지루해 하지 않는다. 신경 전문의인 앤 바닛은 저서 『가장 어린 마음(The youngest minds)』에서 다음과 같이 말한다. "동요와 간단한 놀이는 아이들의 마음을 사로잡는다. 아이들은 이것들에 금방 익숙해지기 때문이다." 새로운 기술을 완벽하게 익히는 것은 아이들에게 자신감과 미래의 도전에 대한 기대감을 심어준다.

그렇다고 부모들만이 반복되는 놀이에 지루하고 힘들어하지는 않는다. 어린 아이들 또한 지나친 반복으로 인해 피곤해 할 수 있다. 그러므로 아이가 괴로워하거나 힘들어하는지 잘 관찰해야 한다. 하지만 아이가 어떤 놀이를 계속 즐기고 있다면 계속 반복하도록 둔다.

재미있는 병

병 안에 무엇이 들어 있을까?

열기 쉬운 **뚜껑으로 된** 큰 투명 플라스틱 병 몇 개를 준비한다. 각 병 안에 아이가 좋아하는 장난감이나 색깔이 화려한 스카프를 넣고 뚜껑을 닫는다. 아이에게 각 병의 뚜껑을 열고 장난감이나 스카프를 꺼내게 한다. 처음부터 아이가 손으로 뚜껑을 열기는 쉽지 않기 때문에 놀이를 시작할 때에는 병의 뚜껑을 느슨하게 닫아 둔다. 아이는 뚜껑을 열기 위해 몇 번이고 시도할 것이다. 아이가 병 속의 물건을 삼키는 일이 없도록 병에 넣는 물건은 지름이 5cm 이상인 것으로 고른다.

발 달 포 인 트

뚜껑을 여는 것을 배우는 일은 아이의 신체 협응력과 소근육 운동 능력을 키우는 데 도움이 된다. 뚜껑을 열려고 시도하는 것만으로도 이러한 능력들을 키울 수 있다. 이 놀이에서 성공은 칭찬과 직결되기 때문에 칭찬을 아끼지 말아야 한다. 칭찬을 받으면 아이는 몇 번이고 뚜껑을 열려고 할 것이다.

투명한 병은 아이에게 뚜껑을 열고자 하는 의지를 높여준다.

✔ **소근육 운동 능력**

✔ **언어 발달**

✔ **사회성**

아이가 이 놀이를 좋아한다면
80쪽 시리얼 놀이를 보세요

무릎 위에 앉아 흥겨운 노래를

활 **동적인 아이에게** 부모의 무릎에 앉아 있는 것은 결코 수동
적인 놀이가 아니다. 당신의 무릎은 아이에게 안전한 피난처,
즉 놀이 중간에 쉬거나 누울 수 있는 곳이기도 하지만, 책을
읽거나 품에 안기거나 뛰어오를 수 있는 곳이자 노래를 부르며 비행기나
조랑말, 개구리가 되어 볼 수 있는 곳이다.

노래를 부르며 아이를
비행기를 태우듯 안전하게
머리 위로 번쩍 들어올린다.

당 신 은 누 구 십 니 까

당신은 누구십니까
나는 꾀돌이 그 이름 아름답구나

당신은 누구십니까
나는 예쁜이 그 이름 아름답구나

당신은 누구십니까
나는 ○○○ 그 이름 아름답구나

눈 눈 눈

눈눈눈 책을 보고요 코코코 숨을 쉬고요
입입입 말을 하고요 귀귀귀 노래 듣지요

머리머리머리 생각하고요
가슴가슴가슴 따뜻한 마음
손손손 일을 하고요 발발발 걸어가지요

누 구 하 고   노 나

꾀꼴꾀꼴 꾀꼬리 누구하고 노나
꾀꼴꾀꼴 꾀꼬리 꾀꼬리하고 놀지

개굴개굴 개구리 누구하고 노나
개굴개굴 개구리 개구리하고 놀지

방글방글 아기는 누구하고 노나
방글방글 아기는 엄마하고 놀지

텔 레 비 전

텔레비전에 내가 나왔으면 정말 좋겠네
정말 좋겠네 텔레비전에 내가 나왔으면
정말 좋겠네 정말 좋겠네 춤추며
노래하는 예쁜 내 얼굴 텔레비전에
내가 나왔으면 정말 좋겠네 정말 좋겠네

텔레비전에 엄마 나왔으면
정말 좋겠네 정말 좋겠네
텔레비전에 엄마 나왔으면
정말 좋겠네 정말 좋겠네
아기가 엄마 하고 부를 테니까
텔레비전에 엄마 나왔으면
정말 좋겠네 정말 좋겠네

55

꼬마오리

노래부르며 물놀이하기

동 물 흉 내

오리는 꽉꽉 오리는 꽉꽉
염소는 매애 염소는 매애
돼지는 꿀꿀 돼지는 꿀꿀
소는 음머 소는 음머

병아리는 삐악 병아리는 삐악
호랑이는 어흥 호랑이는 어흥
고양이는 야옹 고양이는 야옹
참새는 짹짹 참새는 짹짹

부엉이는 부엉 부엉이는 부엉
꾀꼬리는 꾀꼴 꾀꼬리는 꾀꼴
개구리는 개굴 개구리는 개굴
닭은 꼬끼오 닭은 꼬끼오

원인과 결과	✔
언어 발달	✔
청력	✔
리듬의 발견	✔
감각의 발견	✔

아이는 물속에서 첨벙거리는 것을 그 무엇보다 좋아한다. 수영장에서 아이에게 친숙한 노래를 부르며 고무 오리 인형이나 여러 가지 동물 인형을 소도구로 이용해 보자. 노래를 부를 때 동물들이 내는 소리를 크고 또렷한 목소리로 들려준다. 신나게 노는 아이는 당신이 아이의 청각을 통한 기억력을 자극하고, 리듬감을 향상시키고 있음을 전혀 눈치채지 못할 것이다.

당신의 귀여운 꼬마오리는 당신이 노래에 맞춰 손동작을 하는 것을 보며 즐거워할 것이다.

나처럼 해 봐요

따 라 하 며 노 래 부 르 기

따라하고자 하는 아이의 본능을 최대한 이용하여 활동적인 놀이를 해 보자. 아이를 무릎 위에 앉히거나 당신과 마주 보도록 세운다. 노래를 부르면서 해당 신체 부위를 강조해 말하고, 아이의 몸에서 그곳을 가리킨다. 아이가 잘 따라하지 못하면 아이가 팔, 어깨, 다리를 올렸다 내리는 것을 도와준다. 노래를 반복해 부르면서 아이에게 자신의 팔이나 다리를 가리키게 한다. 아이가 잘 따라하게 되면 직접 가사를 만들어 다른 동작을 해 본다.

나 처 럼 해 봐 요

나처럼 해 봐요 이렇게
나처럼 해 봐요 요렇게
나처럼 해 봐요 이렇게
아이 참 재미있다

나처럼 해 봐요 예쁜 눈
나처럼 해 봐요 예쁜 귀
나처럼 해 봐요 예쁜 입
아이 참 재미있다

나처럼 해 봐요 짝짝짝
나처럼 해 봐요 곤지곤지
나처럼 해 봐요 도리도리
아이 참 재미있다

✔	**신체 인지**
✔	**개념 인식**
✔	**협응력**
✔	**창조적인 동작**
✔	**청력**

흥겹게 노래를 부르며 팔을 들었다 올리는 방법을 배움으로써 아이는 신체 부위의 명칭을 익히게 한다.

스타 탄생

테이프에 목소리 녹음하기

발 달 포 인 트

이 시기의 아이들은 자신의 몸과 물건에 대해 집중한다. 아이는 자신의 모습을 비추는 거울을 좋아하듯이, 테이프 녹음을 통해 자신의 목소리를 즐기게 된다. 이 놀이는 아이의 청력 발달에 도움이 되며, 이것은 언어 발달에 있어서 아주 중요한 요소이다.

언어 발달	✔
청력	✔
사회성	✔

아이가 다른 아이들의 목소리를 듣고 귀를 쫑긋 세우는 것을 보았을 것이다. 또한 거울에 비친 자신의 얼굴을 보고 아이가 어떤 반응을 보이는지도 눈여겨보았을 것이다. 그러면 자신의 목소리가 녹음된 테이프를 들으면 아이가 얼마나 즐거워할지 상상해 보자. 아이는 자신의 목소리를 녹음함으로써 자신에 대한 새로운 느낌을 갖게 될 것이고, 가족 전체에게는 이것이 일종의 녹음 일기가 되어 앞으로 몇 년 동안 이를 들으며 즐거워할 것이다.

● 아빠의 재미있는 얼굴을 보는 아이의 웃음소리나 놀면서 옹알대는 소리, 장난감 전화기를 갖고 놀면서 하는 말(119쪽 '전화 걸기 놀이' 참고), 욕조 안에서 지르는 즐거운 비명 등을 녹음한다.

● 아이에게 이야기를 들려주고 아이가 반응하는 말을 녹음하여, 훗날 아이가 들을 수 있도록 한다.

● 외부 마이크가 없는 녹음기를 사용해도 되지만, 별도의 마이크를 사용하면 좀더 선명하게 녹음할 수 있다. 120분짜리 같은 녹음 시간이 긴 테이프는 음질이 선명하지 못하고 테이프가 늘어질 수 있으므로 피한다.

● 두세 살짜리 아이의 경우 노래를 부르게 하여 녹음한다. 아이가 수줍어할 경우 함께 노래를 부른다.

아이가 이 놀이를 좋아한다면
60쪽 거울아 거울아를 보세요
▶

꼬마스타는 마이크의 용도를 이해하는 즉시 마이크를 잡고 열심히 말하려 할 것이며, 아이는 전혀 색다른 방식으로 스스로를 경험하게 된다.

최근의 연구결과에 따르면 아이의
어휘력은 양육자가 아이에게 얼마나
많은 말을 했느냐에 따라 좌우된다
고 한다. 시카고 대학 연구소의 자넬
린 허틴로커 교수는, 수다쟁이 엄
마를 둔 20개월 된 아이는 덜 수
다스러운 엄마를 둔 또래 아이들보
다 130여 개의 단어를 더 많이 알고
있음을 밝혔다. 두 살이 되면 어휘력
은 두 배가 된다. 그러나 아이를
텔레비전 앞에 둔다고 해서 같은
결과를 낳지는 않는다. 상대방과의
상호 작용, 그리고 실제 생활과
의 연결은 아이가 언어의
세계에 빠지는 데
반드시 필요하다.

거울아 거울아

나 를 발 견 하 기

발 달 포 인 트

아이 성장의 핵심은 자신을
한 명의 사람으로서 인식하는 것
(나/나의 것, 그리고 이와 상반되는
너/너의 것이라는 개념에 관심을
갖는 것)이다. 이 놀이는 타인과
분리된 한 명의 독립된 사람으로서의
나라는 개념을 이해하는 데 도움이
된다. 또한 아이들은 자신의 몸에
대해서도 흥미를 보인다. 거울
앞에서 신체 각 부위의 이름을
말함으로써 몸에 대한 아이의 지식
을 넓히고, 자신의 정체성에 대해 좀
더 탐색할 수 있도록 한다.

신체 인지	✔
언어 발달	✔
자아 개념	✔
사회성	✔
시각을 통한 판별	✔

아이는 갓난아기일 때부터 거울을 보며 즐거워했을 것이다. 유
아기에 이르면 거울의 재미를 본격적으로 느끼기 시작한다. 이때
가 되어서야 거울에 비친 모습이 바로 자신이라
는 것을 깨닫기 때문이다. 아이의 최대 관심사는 바로 자신
의 몸이 된다. 아이와 함께 거울 앞에 앉거나 서서 즐겁거
나 슬프거나 재미있는 표정을 지어 보자. 좀더 개월 수
가 많은 아이라면 당신을 따라하도록 유도한다. 그리
고 아이의 팔, 다리, 눈, 코 등을 가리킨다. 당신의 신체
부위도 함께 가리킨다.
아이에게 거울에 비친 아기와 당신은
누구인지 물어보자. 곧 아이는 당
신을 가리키며 엄마라고 말할 것
이다.

큰 거울에 비친 자신의 모습을
보면서 아이는 자신이 팔과 눈과 즐
거운 표정을 가진 사람이라는 것을
인지하게 된다.

몸으로 하는 악기 놀이

일인밴드 놀이

아이를 무릎 위에 앉히거나 당신을 마주 보도록 세운 뒤 재미있는 소리로 이루어진 '악기놀이'를 부른다. 먼저 당신이 손가락으로 피아노를 치는 동작이나 손을 입에다 대고 나팔을 부는 동작을 아이에게 보여준다. 그리고 당신이 아이의 손을 잡고 동작을 함께 한다. 이제 당신이 노래를 부르면 아이가 손동작을 하도록 한다. 아이가 몸동작과 소리가 일치하는 것에 익숙해지면서 아이의 언어 능력과 운동 능력도 향상된다.

재미있는 노래를 반복해 부르면서 당신과 아이는 서로 소리를 내는 것을 즐거워할 것이다.

악 기 놀 이

랄랄랄 랄랄랄랄 랄랄랄랄
악기놀이 합시다

피아노를 칩시다 딩동댕 딩동댕
피아노를 치면은 딩동댕 딩동댕
힘껏 쳐봅시다 딩동댕 딩동댕
가만히 쳐봅시다 딩동댕 딩동댕
랄랄랄랄 랄랄랄랄 랄랄랄랄
악기놀이 재밌다

나팔을 불어봅시다 따따따 따따따
나팔을 불어보면은 따따따 따따따
힘껏 불어봅시다 따따따 따따따
가만히 불어봅시다 따따따 따따따
랄랄랄랄 랄랄랄랄 랄랄랄랄
악기놀이 재밌다

✔ **소근육 운동 능력**

✔ **전신 운동 능력**

✔ **청력**

종이 블록

발 달 포 인 트

아이들은 블록 놀이를 하면서 소근육 운동과 모양 및 크기로 사물을 분류하는 능력을 키운다. 대부분의 아이들은 블록을 높이 쌓았다가 쓰러뜨리는 것을 매우 좋아한다. 이를 통해 균형 감각뿐만 아니라 인과관계를 익히게 된다. 아이는 자신이 들어갈 만한 공간이 있는 작은 성이나 동굴을 만듦으로써 점점 자신의 정체성을 확립한다.

원인과 결과	✔
소근육 운동 능력	✔
문제 해결	✔
크기와 모양을 통한 판별	✔
공간 인지	✔

이 시기의 아이들의 손은 아직 작아 무거운 나무 블록을 쌓는 데 어려워할 수도 있다. 하지만 종이 가방과 우유팩으로 만든 크고 가벼운 블록이라면 다루기 쉽다.

● 잘게 찢은 신문지를 종이 가방에 가득 채운 뒤 선물 상자를 포장하듯이 양 끝을 접고 테이프로 붙이면 큰 블록이 완성된다. 수성펜, 색연필, 포장지, 스티커로 아이가 상자를 직접 꾸미게 한다.

● 작은 블록은 우유팩을 이용한다. 우선 우유팩을 잘 씻어 말린다. 우유팩을 똑바로 세운 뒤 위쪽을 수평으로 잘라낸다. 우유 팩 속에 잘게 찢은 신문지 조각을 넣은 뒤 종이를 네모나게 잘라 막아준다. 우유팩에 다양한 색상의 벽지나 벽돌 모양(나중에 벽돌집을 지을 수 있다)의 밀착지를 붙인다.

● 이제 꼬마 건축가에게 블록을 쌓게 한다. 블록을 최대한 높이 쌓거나, 작은 성을 만들어 보도록 아이를 격려한다. 벽과 지붕은 소파 혹은 탁자와 천으로 대신할 수 있다.

● 아이 키만한 탑을 만들기 위해 큰 블록 위에 작은 블록을 쌓는 방법을 보여준다. 블록을 다 쌓은 뒤 아이와 번갈아가며 블록을 하나씩 내려놓으며 큰 소리로 숫자를 센다. 그리고 아이와 함께 새로운 건물을 다시 만든다.

아이가 이 놀이를 좋아한다면
48쪽 상자로 만든 집을 보세요.

생후 18 개 월

1½

이후부터

"놀이 쌓으렴!"

종이 블록을 갖고 놀면서 꼬마건축가는
물건 쌓는 법을 배우고, 사물의 크기, 모양,
균형에 대해 이해하게 된다.

크기 놀이

포개진 컵들을 분류하기

발달 포인트

포개기 놀이를 통해 아이는 손과 머리를 이용하여 서로 다른 크기를 인식하게 된다. 또한 문제를 해결하는 방법을 깨닫게 하고 ("이것들을 어떻게 한 군데다 모을 수 있을까?"), 눈과 손의 협응력과 소근육 운동 능력을 향상시킨다. 부모와 자녀 간의 교류 역시 중요하다. 아이는 듣는 법을 배우고 있으므로 아이에게 놀이 방법을 설명해준다.

눈과 손의 협응력	✔
소근육 운동 능력	✔
문제 해결	✔
크기와 모양의 판별	✔

아 이들은 보관함에서 물건을 꺼냈다가 다시 넣는 행위에서 큰 즐거움을 느낀다. 정해진 순서에 따라 차곡차곡 정리해야 하는 물건을 아이에게 주어 이러한 놀이에 복잡함과 재미를 더해 보자.

● 장난감 가게에서 포개기 놀이용 기구를 구입해도 된다. 또는 계량스푼이나 대접, 혹은 다양한 크기의 종이 상자를 사용한다.

● 어떤 아이들은 물건을 하나씩 꺼내었다가 다시 넣을 수 있을 정도로 손이 유연하지 않을 수도 있다. 이럴 경우 명확하게 크기가 다른 두세 개의 그릇을 준비해서 놀이 방법을 알려준다. 아이에게 어떻게 그릇들이 포개지는지 보여준다. 아이는 당신을 돕게 될 것이며, 몇 번의 반복 끝에 드디어는 혼자 힘으로 그릇들을 포갤 수 있을 것이다.

● 아이가 이 놀이에 익숙해지면 포개는 물건의 수를 점점 늘린다.

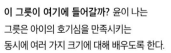

이 그릇이 여기에 들어갈까? 윤이 나는 그릇은 아이의 호기심을 만족시키는 동시에 여러 가지 크기에 대해 배우도록 한다.

전 문 가 의 도 움 말

컵과 그릇 더미를 크기나 모양에
따라 정리하는 것은 논리적 사고의
시작을 의미한다. 아이가 매우 간단
하면서도 중요한 개념인 '같다/다르
다'에 숙달되는 모습을 보는 것은
즐거운 일이지만, 보다 높은 차원의
논리에 의한 정교한 사고를 하는
것은 먼 훗날의 일이다. 버클리 소재
캘리포니아 대학교의 정신분석학자
인 조나스 랭거는, 아이의 논리력은
네 살에서 다섯 살 사이에 급격히
발달한다. 하지만, 열한 살
전후까지는 추상의 개념을 완벽하게
이해할 수 없다고 말한다.

65

눈을 가려요

노 래 하 며 즐 기 는 까 꿍 놀 이

'사과 같은 내 얼굴' 음에 맞추어 노래 부른다.

나는 눈을 가려요 나는 눈을 가려요
눈이 없다 눈이 없다 눈이 없어졌어요
(손으로 눈을 가린다)

나는 코를 가려요 나는 코를 가려요
코가 없다 코가 없다 코가 없어졌어요
(손으로 코를 가린다)

나는 입을 가려요 나는 입을 가려요
입이 없다 입이 없다 입이 없어졌어요
(손으로 입을 가린다)

뺨, 무릎, 팔꿈치, 발가락, 귀 등으로
노래를 반복한다

아이들이 좋아하는 까꿍놀이와 신체 부위를 결합한 놀이이다. 이 놀이를 통해 아이는 각 신체 부위의 이름을 익히고 다른 사람들과 함께 노래 부르는 법을 배우게 된다.

● 노래 가사에서 눈 대신 코, 발, 발가락 등으로 바꾸어서 부른다. 그리고 팔꿈치, 무릎, 뺨, 목 등과 같이 아이에게 덜 익숙한 단어들로 바꾸어 부른다.

● 아이가 잘 이해하고 있는지 확인하기 위해 일부러 틀린 동작을 해 본다. 발가락이라고 말하면서 무릎을 가리키거나 아이의 무릎 대신 당신의 무릎을 가리켜 보자. 아이는 당신의 엉뚱한 행동을 보고 즐거워할 것이다.

신체 인지	✓
창조적인 동작	✓
언어 발달	✓

당신이 익숙한 노래를 새로운 가사로 바꾸어 노래하면 아이에게 까꿍놀이를 유도할 수 있다.

흔들어 주세요

소 리 의 경 험

호기심이 많은 아이에게 어린이용 마라카스(쿠바의 리듬악기)나 타악기(대부분의 장난감 가게에서 판매한다)를 주어 새로운 소리와 리듬의 세계를 경험하도록 하자. 악기를 구입하는 대신 작은 플라스틱 병에 쌀, 콩, 동전을 넣어 직접 악기를 만들 수 있다. 만일의 사태에 대비해 뚜껑을 포장용 테이프로 밀봉한다. 우선 당신이 악기나 병을 흔든 뒤 아이에게 건네주며 그 소리에 대해 설명한다. 아이에게 친숙한 노래를 다양한 박자로 부르면서 아이가 악기를 연주하며 리듬에 맞춰 몸을 움직이도록 한다.

리듬에 맞춰 몸을 움직이기 위해서는 간단한 악기와 흥겨운 노래만 있으면 된다.

발 달 포 인 트

소리나는 장난감을 갖고 노는 것은 청각의 반사 작용을 자극하고, 아이의 잠재된 리듬감을 키우며, 이는 언어 발달의 기본이 된다. 다양한 소리의 실체를 파악함으로써 귀로 음의 높낮이와 크기를 인식하는 연습을 한다. 또한 음악에 맞추어 몸을 흔들거나 춤을 추거나 악기를 연주함으로써 창의적인 표현을 하도록 한다. 마라카스를 직접 만들 계획이면, 쌀, 콩, 동전을 병에 넣기 전에 이들을 아이가 만져보게 하여 (이때 아이가 삼키지 않도록 주의한다) 색다른 촉감을 경험할 수 있도록 한다.

✓ **창조적인 동작**

✓ **청력**

✓ **리듬의 발견**

✓ **감각의 발견**

67

모래 놀이

모 래 를 이 용 한 만 들 기

아이들이 안전하게 뒹굴 수 있는 모래밭은 예술적 경험을 위한 훌륭한 장소이다. 도구를 이용해 모래를 담았다 버리는 놀이를 하면서 소근육 운동 능력을 키우고 촉각을 자극한다.

창조적인 표현	✔
소근육 운동 능력	✔
촉각 자극	✔

아이들은 모래밭에서 노는 것을 아주 좋아한다. 해변이든 놀이터든 뒷마당의 모래놀이 통이든, 모래로 무언가를 만드는 것은 아이를 열중하게 만드는 창조적이면서도 즐거운 일이다. 또한 건강한 야외 활동과 예술 작품을 결합하는 좋은 방법이기도 하다.

● 모래 놀이 도구(플라스틱 양동이, 삽, 틀), 부엌용 조리 기구(주걱, 나무 국자, 플라스틱 용기), 정원용 도구(물뿌리개, 작은 갈퀴) 등 다양한 크기의 도구를 준비한다.

● 모래에 물을 부어 모래가 잘 뭉쳐지도록 한다.

● 도구를 이용해 모래로 모양을 만드는 법을 알려준다. 예를 들어 곧거나 구불구불한 길을 만들기 위해 갈퀴를 사용한다. 파이 굽는 그릇을 모래에 찍어 커다란 원을 만들 수 있다. 빈 요구르트 통과 젖은 모래를 이용해 탑을 쌓는다.

● 아이가 만든 탑을 손으로 치거나 탑 꼭대기에 물을 부으면 금방 무너진다는 것을 보여준다. 흩어진 모래를 정리하게 한 뒤 원하는 높이만큼 탑을 쌓거나 모양을 만들게 한다.

아이가 이 놀이를 좋아한다면
84쪽 자연 예술품을 보세요 ▶

대부분의 아이들은 모래에서 노는 것을 좋아한다.
모래 놀이 도구와 부엌용 조리 기구의 사용법을
알려주면 아이는 더욱 좋아할 것이다.

재미있는 사진 놀이

얼 굴 보 고 이 름 알 아 맞 히 기

발 달 포 인 트

아이는 당신이 말하는 것을 들으면서 문법 규칙을 익힌다. 하지만 듣는 것만으로는 누가 사촌동생인지, 어떻게 생긴 게 타조인지 알 수 없다. 얼굴과 이름을 결합하는 데 필요한 것은 사진이다. 이 놀이는 아이의 어휘력을 키우면서 기억을 정리하는 데 도움이 될 것이다.

직접 만들어 보세요

놀이용 카드나 암기용 카드에 사진을 붙인다. 사진이 훼손되는 것을 방지하기 위해 카드를 코팅한다. 테이프나 큰 자석을 사용하여 벽 등에 사진을 붙인다. 이때 압정이나 작은 자석은 피한다.

언어 발달	✔
시각을 통한 판별	✔
시각을 통한 기억	✔

아이는 생후 6개월부터 기억을 저장하고 이를 불러올 수 있다. 이제 주변 사람들과 사물의 이름을 외우고 익혀야 할 시기이다. 암기 카드(플래시 카드)를 이용하여 재미있게 기억력을 강화할 수 있다.

● 암기 카드(아이들이 손으로 집기 편할 것이다)에 가족들의 사진을 풀이나 테이프로 붙인다. 사진에 있는 사람을 손가락으로 가리키며 그 사람의 이름을 말한다. 머지않아 당신이 어떤 사람을 가리키면 아이는 그 사람의 이름을 말할 것이다.

● 도화지에 가족들의 사진을 붙인 뒤 코팅하여 개인용 식탁 매트를 만든다.

● 개미핥기, 기린, 헬리콥터와 같이 아직 아이가 일상생활에서 접하지 못했지만 흥미를 가질 만한 것들의 사진을 잡지에서 오려서 카드로 만든다. 냉장고나 벽처럼 아이의 눈높이에 맞는 곳에 카드를 붙인 뒤 수시로 아이에게 카드를 가리켜 보인다.

● "그때 할머니랑 같이 과자 만들었지?" 또는 "롭의 집에는 큰 개가 한 마리 있지?"와 같이 사진과 관련된 이야기를 하여 아이가 사진들을 쉽게 기억할 수 있도록 한다. 이로써 아이는 이야기하는 법을 배우고, 사람들이 자신의 이야기에 관심을 갖고 있음을 알게 된다. 또한 아이가 잘 알고 있는 일들을 머릿속으로 정리하는 데 도움이 된다.

"루크 삼촌은 누구지?"

아이에게 낯익은 얼굴들과
흥미를 끄는 사물들의
사진을 이용하여 아이의
기억력을 높여주자.

71

음악의 마법

음악에 대한 인간의 열정은 보편적인 특징으로, 이는 모든 문화의 부모들이 자녀에게 물려주는 유산이기도 하다. 우리는 아이가 졸려서 투정을 부릴 때 자장가를 불러주고, 갸우뚱거리며 걸음마를 시작할 때 환호하며, 아이들과 끊임없이 손뼉 치기 놀이를 한다. 113쪽에서 자세히 이야기하는 모차르트 효과의 최근 한 연구에 따르면, 아이들을 음악에 노출시키는 것은 멜로디와 리듬에 대한 감각을 일깨우는 것 이상의 지적 효과가 있다고 한다. 하버드 의과 대학의 신경과학자인 마크 트라모는 음악을 이해하는 데 사용되는 신경 회로는 언어, 수학, 추상적인 논증을 이해하는 데 사용되는 것 같다고 설명한다. "음악으로 뇌를 훈련시키는 것은 다른 인지 능력을 강화한다"고 트라모 박사는 결론짓는다. 이 이야기에 매력을 느낀 미국 조지아 주지사는 조지아 주에서 태어나는 모든 아기들을 클래식 음악이 흐르는 병원으로 보내기로 했다. 58쪽에 소개한 아이와 부모가 함께 목소리를 녹음해 보는 놀이에서부터 88쪽에 소개한 타악기 놀이에 이르기까지, 이 책은 아이의 세계를 충만하게 할 수 있는, 음악과 소리를 이용한 간단하고도 재미있는 놀이들을 선보인다. 많은 놀이들은 동작과 음악이 결합된 형태로, 언어와 리듬의 이해력과 신체의 협응력을 발달시키며 신체의 인지 능력을 강화한다. 자동차로 이동하거나 밥을 먹을 때, 혹은 집안일을 하거나 무언가를 만들 때 다양한 음악을 들으면 아이의 청각은 좀더 강화되고 음악적 시야가 넓어질 것이다.

클래식 음악이 싫은데도 이를 고집할 필요는 없다. 아이에게 당신이 좋아하는 음악을 들려주자. 당신이 즐거워할 때만이 아이가 모든 음악의 가치와 힘을 더욱 잘 수용할 것이다.

탬버린 연주

신 나 는 음 악 연 주

탬버린은 귀, 팔, 손가락, 발가락 등으로 연주할 수 있는 악기이다. 아이가 좋아하는 음악에 맞추어 탬버린을 흔들거나 치도록 한다. 또, 당신이 악기를 연주할 때 동참하도록 한다. 악기를 연주하면서 움직여 보자. 다양한 크기의 탬버린을 이용하여 큰 탬버린과 작은 탬버린이 내는 소리는 어떻게 다른지, 탬버린을 세게 그리고 가볍게 흔들 때 소리가 어떻게 바뀌는지 실험해 본다. 소리의 재발견을 통해 당신과 아이는 즐거움을 느낄 것이다.

발 달 포 인 트

간단한 악기를 이용한 놀이는 아이의 청각과 촉각을 자극하고 섬세하게 발달시킨다. 아이들은 악기를 연주하고 들으면서 서로 다른 리듬과 다양한 소리를 구별하게 된다. 손으로 치거나 흔들 수 있는 탬버린은, 세상은 독특하면서도 다양한 소리로 가득 차 있으며, 소리는 듣는 것뿐만 아니라 직접 만들 수 있다는 사실을 재확인시킨다.

장난감 탬버린을
찰랑이면서 아이는
많은 것을 배울 수 있다.

✔	**눈과 손의 협응력**
✔	**청력**
✔	**리듬의 발견**
✔	**사회성**

73

색연필로 그림그리기

큰 그 림 을 그 려 보 자

색연필을 쥐고 사용하면 소근육 운동 능력과 눈과 손의 협응력이 발달된다. 또한 아이가 색깔을 익히는 데 도움이 된다. 무엇보다 아이가 직접 색깔을 골라 자신을 표현하고 마음껏 낙서를 함으로써 이제 막 자라기 시작한 판별력에 색깔과 형태라는 기준이 추가된다. 서로 무엇을 그리는지 이야기하면 아이의 머릿속에 여러 개념들이 자리잡고, 아이의 의사소통 능력이 발달한다.

1 **8개월 즈음이 되면** 아이들은 색연필과 펜을 쥐고 종이에 그리는 것을 즐거워한다. 종이의 네 귀퉁이 안에서만 색연필이나 펜으로 그림을 그려야 한다는 것을 아이에게 인식시키는 일은 다소 어려울 수 있다. A4 용지 안에서만 그림을 그리게 하기보다는, 벽 같이 큰 종이 위에서 예술적 날개를 펼쳐 보이도록 한다.

● 깨끗하고 넓은 바닥에 포스터 크기만한 종이를 테이프로 고정시킨다. 아이에게 수성펜이나 색연필을 주고 종이 위에 낙서를 하도록 한다. 먼저 아이에게 시범을 보여야 할 수도 있지만, 방법을 익히고 나면 아이는 그림을 그리는 것을 중단하지 않으려 할 것이다.

● 당신이 무엇을 그리는지 아이에게 설명한다. 아이가 색연필을 집으면 그것이 어떤 색인지 말해준다. 여러 가지 색깔을 사용하도록 하고, 종이 위에 무언가를 그리면 칭찬한다.

● 개월 수가 좀 지난 아이의 경우, 무엇을 그리고 있는지 당신에게 설명하도록 한다. 아이가 원을 그리고 있다면, 그것은 원이며 원은 공처럼 둥글다고 설명한다. 아이를 돕기 전에 조금만 참아보자. 당신 눈에는 삐뚤삐뚤한 선으로 보이겠지만, 아이에게는 하나의 작품이다.

개념 인식	✔
소근육 운동 능력	✔
사회성	✔
시각을 통한 기억력	✔

*아이가 이 놀이를 좋아한다면
138쪽 찰흙 놀이를 보세요.* ▶

두꺼운 **색연필과 펜**은 어린 예술가의
통통한 손가락이 잡기에 편하다. 아이가
좋아하는 색깔을 찾았는지 살펴보자!

75

함께 숫자를 세어요

아이는 당신 무릎에 앉아 당신이 불러주는 노래를 듣는 것을 좋아한다. 셈을 강조한 노래와 동요는 학습의 즐거움을 더해준다. 아이는 당신이 불러주는 노래를 즐겁게 들으면서 노래 속에 숨어 있는 숫자들을 깨닫게 될 것이다. 반복은 학습 효과를 강화하므로, 한두 번 더 부르도록 한다.

숫 자 풀 이

하나 하면 할머니가 지팡이 짚고서 잘잘잘
두울 하면 두부장수 두부를 판다고 잘잘잘
세엣 하면 새색시가 거울을 본다고 잘잘잘
네엣 하면 냇가에서 빨래를 빤다고 잘잘잘
다섯 하면 다람쥐가 알밤을 깐다고 잘잘잘

여섯 하면 여학생이 공부를 한다고 잘잘잘
일곱 하면 일꾼들이 나무를 한다고 잘잘잘
여덟 하면 엿장수가 엿을 판다고 잘잘잘
아홉 하면 아버지가 장에 간다고 잘잘잘
여얼 하면 열무장수 열무를 판다고 잘잘잘

빗방울, 벌레, 색연필을 세는 것은 아이에게 숫자의 개념을 전달할 수 있는 재미있는 방법이다.

숫 자 노 래

숫자 1은 무얼까 맞춰봐요 무얼까 맞춰봐요
공장 위에 굴뚝 공장 위에 굴뚝
숫자 2는 무얼까 맞춰봐요 무얼까 맞춰봐요
연못 위에 오리 연못 위에 오리
숫자 3은 무얼까 맞춰봐요 무얼까 맞춰봐요
우리 아기 예쁜 귀 우리 아기 예쁜 귀
숫자 4는 무얼까 맞춰봐요 무얼까 맞춰봐요
바다 위에 돛단배 바다 위에 돛단배
숫자 5는 무얼까 맞춰봐요 무얼까 맞춰봐요
우리 집에 열쇠 우리 집에 열쇠
숫자 6은 무얼까 맞춰봐요 무얼까 맞춰봐요
주렁주렁 앵두 주렁주렁 앵두
숫자 7은 무얼까 맞춰봐요 무얼까 맞춰봐요
할아버지 지팡이 할아버지 지팡이
숫자 8은 무얼까 맞춰봐요 무얼까 맞춰봐요
흔들흔들 오뚝이 흔들흔들 오뚝이
숫자 9는 무얼까 맞춰봐요 무얼까 맞춰봐요
길쭉길쭉 콩나물 길쭉길쭉 콩나물
숫자 10은 무얼까 맞춰봐요 무얼까 맞춰봐요
호떡 옆에 젓가락 호떡 옆에 젓가락

참 새 다 섯 마 리

참새 한 마리가 날아와서 콧구멍에 앉았다
캄캄하다 캄캄하다 동굴같다 짹짹 짹짹짹

참새 두 마리가 날아와서 볼 위에 앉았다
말랑말랑하다 진빵같다 짹짹 짹짹짹

참새 세 마리가 날아와서 배 위에 앉았다
푹신하다 푹신하다 침대같다 짹짹 짹짹짹

참새 네 마리가 날아와서 배꼽 위에 앉았다
움푹하다 움푹하다 우물같다 짹짹 짹짹짹

참새 다섯 마리 날아와서 엉덩이에 앉았다
냄새난다 냄새난다 방귀낀다
짹짹 짹짹짹

"아빠는 어디 있을까? 아, 여기 있네!"
적극적인 놀이인 숨바꼭질은 아이의 호기심을 자극
하면서 부모와 떨어지는 것에 대한
불안감을 해소한다.

78

숨바꼭질

소 리 따 라 가 기 놀 이

난아기였을 때는 까꿍놀이부터 시작한다. 이후 아기는 구석에 있는 당신을 가리키며 소리를 질러 당신을 깜짝 놀라게 할 것이다. 여기 아이들을 위한 재미있는 숨바꼭질 놀이를 소개한다.

● 아이가 당신에게 주목하지 않을 때 근처의 나무나 의자, 벽 뒤에 숨는다. 아이를 불러 "엄마 숨는다, 찾아봐라"라고 말한다. 아이가 당신 목소리를 따라와 당신을 찾도록 한다. 당신의 손과, 다리, 어깨, 그리고 애정이 넘치는 얼굴을 찾은 아이는 목소리를 따라가는 방법을 배우게 된다. 아이가 당신을 찾으면 안아주고, 놀이를 반복한다.

● 아이에게 숨는 방법을 알려주고 술래가 되어 보자. 대부분의 아이들은 다리가 침대 밖으로 튀어나왔거나 담요를 잡고 있는 손가락이 눈에 보인다는 것은 신경 쓰지 않고 오로지 머리만 숨길 것이다. 하지만 아이를 못 본 척하자. 그리고 나서 아이를 찾아 매우 놀란 것처럼 연기한다.

발 달 포 인 트

아빠의 목소리가 나는 방향을 따라감으로써 아이는 경청하는 법을 배운다. 또한 어깨나 발처럼 당신의 몸에서 튀어나온 부분도 자기 몸의 일부라는 것을 배우면서, 시각을 통한 기억이 강화된다.

✔ **개념 발달**

✔ **청력**

✔ **사회성**

✔ **시각을 통한 판별**

✔ **시각을 통한 기억**

아이가 이 놀이를 좋아한다면
141쪽 신비의 소리를 보세요. ▶

79

시리얼 놀이

용 기 안 에 담 기

발 달 포 인 트

단순한 이 놀이는 문제 해결 능력을 키우고, 안/밖의 개념 및 인과관계를 이해시킬 수 있다. 일단 아이가 놀이 방법을 터득하면 난이도를 높인다. 세 개의 요구르트 통을 준비하여 한 개 안에 약간의 시리얼을 숨긴다. 세 가지 통의 위치를 섞은 후 어느 것에 시리얼이 있는지 알아맞히도록 한다. (131쪽 '마법의 컵' 참고)

깨 지지 않는 재질로 된 입구가 작고 깨끗한 병(플라스틱 우유병이나 물병이 좋다)을 준비하여 아이가 가장 좋아하는 시리얼이나 과자를 그 안에 넣는다. 아이에게 시리얼이 들어 있는 병을 보여준 뒤 안에서 시리얼을 꺼내게 한다. 아이가 혼자 하도록 내버려두되, 아이가 계속 실패하면 병을 거꾸로 드는 방법을 알려준다. 뚜껑을 느슨하게 닫거나 병 밖으로 꺼낸 시리얼을 다시 넣도록 하면서 놀이의 난이도를 높여 본다. 소근육 운동 능력 발달을 위해 다양한 모양의 뚜껑이 있는 여러 가지 용기로 놀이를 해 본다.

거꾸로! 아기가 가장 좋아하는 과자만큼 꼬마천재를 유혹하는 것은 없다. 아기가 얼마나 빨리 놀이 방법을 깨우치는지 보라.

원인과 결과	✔
개념 인식	✔
소근육 운동 능력	✔
문제 해결	✔

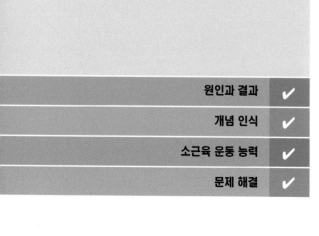

모양 맞추기

문 제 풀 기

이 **모양은 어디에 맞을까?** 아이들은 수수께끼를 좋아하고, 당신이 도움을 준다면 수수께끼를 풀 수 있다. 모양 맞추기 장난감을 이용하거나 튼튼한 종이 상자의 윗면과 측면에 서너 개의 모양을 그려 잘라낸다. 모양을 낼 때 각 모양의 크기에 신경 써서, 원 안에 삼각형이 들어가는 것과 같은 일이 없도록 한다.

아이에게 각 조각을 맞는 구멍에 넣도록 한다. 우선 시범을 보인 후, 아이가 혼자 힘으로 이 놀이를 하도록 한다.

모양 맞추기 놀이는 기하학보다 더 많은 것을 가르쳐준다. 또한 아이는 모든 종류의 문제 해결하는 방법을 배우게 된다.

발 달 포 인 트

크기와 모양에 따라 분류하고 구별하는 능력은, 세상을 이해하고 또래 놀이집단이나 캠프 또는 놀이방(유치원) 생활을 준비하는 데 도움이 되는 중요한 기술이다. 분류하고, 움켜쥐고 모양을 맞추는 것은 소근육 운동 능력과 눈과 손의 협응력을 발달시키며, 이는 훗날 젓가락과 숟가락을 사용하고 장난감을 다루고 색칠을 할 때 도움이 된다. 아이가 모양별로 분류하는 데 시간이 걸릴 수도 있지만, 대부분의 아이들은 이 놀이를 잘한다.

✔ **분류 능력**
✔ **눈과 손의 협응력**
✔ **소근육 운동 능력**
✔ **크기와 모양을 통한 판별**

81

신체 부위 가리키기

몸 에 대 해 배 우 자

발 달 포 인 트

신체 특정 부분의 명칭을 배우고 이를 반복하여 말하는 것은 언어 발달에서 중요한 역할을 한다. 아이는 코라는 단어와 실제 코를 연결하게 되고, 코를 만지거나 코를 킁킁거릴 때 어떤 느낌이 드는지 알게 된다. 이러한 느낌을 통해 자신의 몸을 한층 인지하게 된다.

각 신체 부위에 이름을 붙이는 일은 아이가 스스로를 독립체로 인식하는 첫 단계이다. 이 놀이는, 12개월에 시작되어 24개월에 최고조에 이르는 자기 발견의 진행에 도움이 된다. 또한 이 놀이는 아이의 언어 능력과 기억력이 높아질 뿐 아니라 몸에 대한 인지 능력을 강화한다.

● 아이가 당신을 마주 보게끔 앉히고 아이의 코를 만진다. 그리고 아이의 손가락을 잡아 당신의 코를 가리킨다. 아이의 손가락으로 당신 코를 만지면서 '코'라고 몇 차례 반복해 말한다. 그런 뒤 아이에게 자신의 코를 직접 가리키게 한다. 이와 같은 방법으로 머리, 팔, 다리, 발을 가리키게 한다. 아이가 '엄마의 코'와 '자신의 코'를 구분하는 데 다소 시간이 걸릴 수 있으나, 이는 자연스러운 현상이다. 이 놀이를 통해 아이는 큰 즐거움과 성취감을 느끼게 될 것이다.

● 만약 아이가 신체 부위의 이름을 알고 말할 수 있다면, 당신이 무엇을 가리키는지 물어본다. 머리 흔들기, 발 구르기, 코 킁킁대기, 발가락 꼼지락거리기로 몸동작 놀이를 해 본다.

신체 인지	✔
개념 인식	✔
언어 발달	✔
청력	✔

◀ *아이가 이 놀이를 좋아한다면*
66쪽 눈을 가려요를 보세요.

엄마의 머리카락과 자기 입의 차이점에 대해
아는 것은 아이에게 놀라운 사건이다. 아이에게
네 손은 작고, 엄마의 손은 크다고 말해 보자.

"이 작은 나뭇잎을 보렴."

뒷마당의 보물들을 밀착지에 붙이는 것은
자연에 대한 사랑을 키우는 창의적인 방법이다.

자연 예술품

자 연 으 로 하 는 콜 라 주

아이들은 밖에 나가는 것을 좋아하고, 무언가 모으는 것을 좋아하고, 작품을 만들어 내는 것을 (당신은 아이가 아침밥을 먹으며 케첩을 손가락에 찍어 그린 그림이나 벽에 색연필로 그린 벽화를 전혀 알아보지 못했을지도 모른다) 좋아한다. 자연을 재료로 한 콜라주를 만들어 아이의 흥미를 북돋아 보자.

● 아이를 뒷마당이나 공원 또는 숲으로 데려가 작은 나뭇잎, 꽃, 풀, 나뭇가지, 깃털 등 아이가 흥미를 보이는 (다루는 데 안전한) 모든 것을 모은다.

● 아이가 무언가를 찾을 때마다 그것에 대해 이야기하여 ("이 깃털 보이니? 이건 파란 어치 깃털이야." "꽃이 해가 떠 있는 방향으로 피었네.") 새로운 단어와 개념을 접하게 하는 기회로 활용한다.

● 집에 돌아와 가장자리에 턱이 있는 쟁반 위에 접착면이 위로 향하도록 밀착지를 놓은 뒤, 밀착지가 손에 붙지 않도록 네 귀퉁이를 쟁반에 고정시킨다.

● 아이가 밖에서 모은 재료들을 밀착지 위에 올려놓는 일을 돕는다.

● 쟁반에 고정시킨 밀착지 위에 투명한 밀착지의 접착면을 붙인다.

● 완성된 콜라주를 창가나 냉장고, 또는 아이 방에 걸어놓아 아이의 작품을 전시한다.

발 달 포 인 트

자신의 물건들(예를 들어 빨간꽃과 노란꽃)을 직접 골라 혼자 힘으로 정리하도록 하는 것은 자신의 취향을 확인하고 이를 표현할 수 있도록 한다. 야외에서 자연에 대한 설명을 함으로써 아이는 세상을 인지하고 이해하게 된다. 그리고 종이(특히 끈끈한 밀착지) 위에 물건을 붙이는 것은 아이의 소근육 운동 능력을 향상시키는 데 도움이 된다.

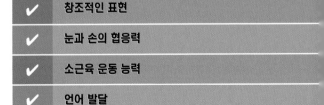

✔ **창조적인 표현**

✔ **눈과 손의 협응력**

✔ **소근육 운동 능력**

✔ **언어 발달**

아이가 이 놀이를 좋아한다면
100쪽 나무와 말하기를 보세요. ▶

생후18개월 1½ 이후부터

나무에 물주기

뮤 지 컬 마 임

씨 앗

씨씨씨를 뿌리고
(바닥에 앉아서 오른손바닥을 펼친 뒤
오른손바닥에 놓인 씨앗을 왼손을 이용해
땅에 뿌리는 동작을 한다)

꼭꼭 물을 주었죠
(왼손을 물뿌리개처럼 좌우로 오간다)

하룻밤 이틀밤
(손가락으로 하루 이틀을 센다)

쉿쉿쉿 뽀드득 뽀드득 뽀드득
(두 손을 가슴에서 하늘로 올리며
싹이 자라는 동작을 한다)

싹이 났어요
(두 손바닥을 얼굴에 모아 싹처럼 표현한다)

싹싹싹이 났어요
또또 물을 주었죠
하룻밤 이틀밤
어어어 뽀로롱 뽀로롱
뽀로롱 꽃이 폈어요

균형 감각	✔
협응력	✔

이 노래를 통해 아이는 자연에 대한 기초 지식, 즉 식물은 물을 먹고 자란다는 것을 알게 된다. '물뿌리개'가 된 아이가 물을 뿌리기 위해 어떻게 몸을 구부려야 하는지 알려준다. 이는 균형 감각을 연마하는 좋은 방법이다. 좀더 활동적인 놀이를 원한다면 동작을 크게 하거나 앉았다 일어났다를 적절히 활용하자. 실내 또는 실외에서 직접 식물에게 물을 주어 자연에 대한 더 많은 지식을 습득할 수 있도록 한다. 아이는 당신이 일하는 것을 도우며(178쪽 '따라하기' 참조) 생물을 기르는 것을 즐길 것이다.

물줄기처럼 몸을 움직이는 놀이는, 무엇이 식물을 자라게 하는지 가르치는 좋은 기회가 될 것이다.

깜짝 놀랐지!

보 물 장 난 감 포 장 풀 기

아이들에게 선물 포장은 선물만큼이나 재미있는 놀이이다. 아이들은 포장지의 선명한 색깔과 만질 때 내는 소리와 그 안에 무엇이 있는지 열어 보는 것을 좋아한다. 언제라도 아이가 가장 좋아하는 장난감 몇 개를 모아 아이가 보는 앞에서 다양한 색깔의 포장지로 포장하여 (테이프는 사용하지 않는다) 이 놀이를 즐길 수 있다.

한 번에 한 가지씩 가리키며 아이에게 "이 안에 뭐가 들었을까?"라고 묻는다. 아이에게 포장을 풀도록 하고, 만약 아이가 어려워하면 도와준다. 포장지를 똘똘 뭉치면 어떤 소리가 나고 어떤 느낌이 드는지 아이에게 말해준다.

발 달 포 인 트

어떤 물건의 포장을 풀기 위해서는 문제 해결 능력과 민첩한 손놀림이 요구된다. 만지면 부스럭거리는 종이처럼, 여러 가지 질감과 무늬를 지닌 물건을 갖고 노는 것은 아이의 시각, 촉각, 청각을 자극한다.

✔	**협응력**
✔	**문제 해결**
✔	**감각의 발견**
✔	**촉각을 통한 판별**

생일 파티 놀이의 즐거움 중의 절반은 포장된 선물을 푸는 것이다.

87

북치기

재 미 있 는 북 치 기

발 달 포 인 트

당신의 아이는 리듬감을 타고 태어났다. 아이에게 박자에 맞춰 북 치는 법을 가르친 뒤, 북소리가 어떻게 음악, 춤 및 기타 리드미컬한 움직임과 조화를 이루는지 보여준다. 또한 북 치기를 통해 눈과 손의 협응력이 향상되고, 다양한 속도와 음량을 만드는 것을 배움으로써 근육들을 미세하게 제어할 수 있게 된다.

직접 만들어 보세요

프라이팬이나 나무 그릇을 뒤집으면 멋진 북이 된다. 다양한 소리를 내기 위해 스테인리스, 플라스틱, 나무 숟가락을 사용하자. 다양한 음를 만들기 위해 여러 가지 크기의 그릇을 사용해 보자(크기가 작을수록 소리는 크다).

술

가락으로 탁자치기, 손뼉 치기, 방문 두드리기와 같이 아이는 소리를 내는 수많은 방법을 알고 있다. 아이에게 박자에 맞춰 북 치는 법을 알려주어 이러한 열정을 음악적인 성취로 (그리고 리듬감을 강화하도록) 이끌어 보자.

● 북과 북채를 구입(직접 만들어도 된다)한다. 아이와 함께 앉아 북채나 손으로 북 치는 방법을 알려준다. 작게, 그리고 크게 소리가 나도록 북 치는 방법을 보여준다. 북 치는 속도에 변화를 주어 빠른 박자와 느린 박자를 느끼게 한다.

● 신나는 음악을 틀어놓고 박자를 맞춰 북 치는 방법을 알려준다. 아이가 음악에 정확히 맞춰 북을 치리라고는 기대하지 말자. 나이가 들면 자연스럽게 터득할 것이다. 몸을 앞뒤로 흔들거나 발을 구르거나 손뼉을 치고 머리를 좌우로 흔들어 박자에 맞추는 방법들을 보여준다. 또는 아이와 함께 북을 쳐 보자.

원인과 결과	✔
창조적인 표현	✔
청력	✔
리듬의 발견	✔

◀ 아이가 이 놀이를 좋아한다면
67쪽의 흔들어 주세요를 보세요.

북 치는 꼬마에게 다양한 소리를 만드는
방법을 알려준 후, 자신이 만든 박자에 맞춰
걷게 한다.

"엉, 북을 치자!"

장난감 퍼레이드

장 난 감 으 로 특 별 한 날 만 들 기

발 달 포 인 트

자신이 행진의 일원이며 자신과 장난감을 소도구라고 상상하는 것은 상상놀이의 첫 단계이다. 음악에 맞추어 걷는 것은 박자를 익히는 데 도움이 된다. 또한 상상의 장난감들을 끄는 법을 배우면서 새로운 차원의 협응력을 개발하게 될 것이다.

창조적인 표현	✔
소근육 운동	✔
전신 운동 능력	✔

모든 사람들은 행진을 좋아한다. 아이가 행진을 즐기도록 해주기 위해 휴일을 기다리거나 수많은 인파 속을 헤집고 다닐 필요는 없다. 음악을 준비하고 유명인사와 사회자를 초청하여 집에서 간단한 행진을 해 보자. 행진의 선두에 아이를 세운다.

● 아이와 함께 마루나 방바닥 같은 무대에서 굴릴 수 있는 장난감을 모은다. 장난감들을 끈으로 짧게 묶어 아이가 잡아당겨 끌 수 있도록 한다. 만약 장난감 기차가 있다면 기차 안에 동물 인형을 넣어 유명인사라고 가장한다. 실감나는 행진을 위해 펄럭이는 장식과 리본으로 장난감을 꾸며보고, 색종이 조각도 만들어 뿌려 보자.

아이는 뒤따라오는 코끼리, 말, 사자 들을 보며 하루를 즐겁게 보낼 것이다.

● 개월 수가 더 지나면, 경쾌한 행진 음악을 틀고 북(숟가락과 그릇으로도 충분하다) 또는 가짜 지휘봉을 준비하여 아이를 선두에 두고 행진을 한다. 아이는 장난감을 끄는 것과 행진을 동시에 할 수 없으므로, 아이가 큰 걸음으로 걷는 동안 대신 장난감을 끌어 준다.

전 문 가 의 도 움 말

심리학자인 앤서니 펠레그리니와 피터 K. 스미스가 미국과 영국에서 한 연구에 따르면, 아이들은 놀이 및 자유롭게 움직이는 것의 중요성을 본능적으로 이해한다고 말한다. 이들은 "아이에게 자유롭게 노는 것을 일정 기간 금지시켰다가 다시 놀게 하면 놀이의 강도가 높아진다"는 결론을 내렸다. 즉 아이들에게 자유 시간이 주어지면 잃어버린 놀이 시간을 만회한다는 것이다.

아이가 이 놀이를 좋아한다면
44쪽 부엌 악단을 보세요

형제자매와 함께 놀기

아이와 일대일로 놀면 아이가 필요로 하는 것과 원하는 것을 쉽게 알 수 있다. 하지만 엄마와 아이라는 관계에 새로 태어난 동생이 끼어들면, 그 관계는 큰 변화를 요구하기 때문에 부모는 좀더 많은 상상력과 기술을 지녀야 한다.

몇몇 요소가 상황을 복잡하게 만들기도 한다. 아이들은 부모의 관심을 누군가와, 심지어 사랑하는 동생과 나누려고 하지 않는다. 만약 아이들이 두 살 이상 차이가 난다면, 두 아이가 함께 도전할 수 있는 놀이를 찾아보라. 또한 아이들의 각각 다른 놀이 방식을 염두에 두어야 한다. 큰 아이는 혼자 조용하게 블록 쌓는 것을 좋아하는 반면, 활발한 여동생은 오빠가 쌓은 탑을 무너뜨리는 것을 좋아할 수 있다. 아이들과 놀 때 당신은 놀이 상대라기보다는 마치 세계 레슬링 협회에서 주관하는 대회의 심판이라도 된 듯한 느낌을 받는 게 당연하다. 그러나 더 순조롭고 더

즐거운 놀이 시간을 만드는 방법은 여러 가지가 있다. 아이의 나이와 성격을 고려하여, 서로 다른 놀이 방식을 수용하면서도 두 아이가 모두 즐길 수 있는 놀이를 고안한다.

예를 들어 색연필이나 물감으로 그림 그리는 놀이는 유아와 취학 연령의 아이 모두를 만족시킨다. 또한 여러 가지 장난감을 갖고 놀이터에서 놀게 하는 것은 아이들을 잠시나마 같이 놀게 한 뒤 각자의 취향에 따라 놀 수 있도록 유도한다. 필요할 경우 똑같은 장난감과 물감을 두 개씩 준비하는 것을 잊지 말자. 두 개의 그림물감과 두 개의 무지개색 공 덕분에 아이들의 싸움을 성공적으로 조율한 부모들이 많다. 아이들에게 동등하게 관심을 보이는 것도 중요하다. 나이가 어린 아이에게 더 많은 관심이 갈 수밖에 없지만, 작은 아이에게 쏟는 관심만큼 큰 아이에게 칭찬이나 용기의 말을 해주는 것을 잊지 말자.

아기 농구단

슬 램 덩 크

중 **간 크기의 공을** 몇 개 모은 뒤 빨래바구니, 종이 상자 혹은 플라스틱 용기 같은 큰 통에 담는다. 아이에게 공들을 바닥에 쏟은 뒤 하나씩 통에 담는 것을 보여준다. 처음에 아이는 통 안에 공을 넣고 다시 꺼내는 것만으로도 즐거워할 것이다. 아이가 이 동작에 익숙해지면 선 채로 공을 던져 통 안에 넣도록 한다. 방 안에 여러 개의 통을 준비해 놀이를 하고, 매번 다른 통에 공을 넣도록 한다.

발 달 포 인 트

조준하는 것을 연습하면서 눈과 손의 협응력과 전신 운동 능력이 향상된다. 아이가 공을 넣을 때마다 크게 숫자를 세는 것은 숫자에 대한 이해력을 높이는 데 기초가 된다. 아이가 그릇 안에 공을 넣거나 당신에게 던지면 다시 아이에게 살살 던져서 좀더 어려운 단계인 공을 잡는 방법을 익힐 수 있도록 도와준다.

꼬마농구선수의 눈과 손의 협응력과 운동 능력을 키우는 데 필요한 것은 공과 그릇, 그리고 열정적인 코치이다!

✔ **눈과 손의 협응력**

✔ **전신 운동 능력**

✔ **사회성**

오른쪽으로 빙빙 돌아라

동요와 마임

발 달 포 인 트

아이는 자신을 공간 내의 사물로
명확하게 인식하기 시작한다.
부모와 함께 하면 더욱 즐거운
놀이를 통해 위, 아래, 저기 여기
등의 공간 관련 단어를 배우게 된다.
아이가 아직 오른쪽과 왼쪽을
구분하지 못하더라도, 오른쪽과
왼쪽은 '똑바로'와는 다른 방향임을
알게 될 것이다.

개념 인식	✔
언어 발달	✔
공간 인지	✔

공간과 움직임의 개념을 이해하는 것은 유아기에 서서히 그러나 확실히 이루어진다. 만약 아기 때 당신 무릎에서 노래 듣는 것을 좋아했다면 그보다 한 단계 높은 과정인 이 놀이를 좋아할 것이다. 이 놀이를 통해 아이는 몸을 움직이는 몇 가지 방법에 대해 배우게 될 것이다.

● 다른 노래 놀이를 할 때와 마찬가지로 발음을 정확히 하고 해당 동작을 강조함으로써 주요 단어들의 의미를 아이에게 전달한다. 이렇게 함으로써 극적 효과와 활기가 넘치는 노래를 만들어 더욱 즐거운 시간을 보낼 수 있을 것이다.

● 아이의 개월 수가 많아지면, 당신 무릎에 앉는 대신 바닥에 서서 노래를 부르게 한다. 노래 가사에 맞추거나 노래 가사를 고쳐 불러 몸동작을 따라하게 한다.

아이가 이 놀이를 좋아한다면
98쪽 칙칙폭폭 기차놀이를 보세요. ▶

엄마의 두 팔에 안긴 채 신나는 음악에
맞춰 통통 튕김으로써 아이는 위아래로
움직이는 방법을 알게 된다.

빙 빙 돌 아 라

손을 잡고 오른쪽으로 빙빙 돌아라

(아이를 무릎에 앉히고 두 손을
잡은 뒤 무릎을 경쾌하게 얼러주며
오른쪽으로 몸을 튼다)

손을 잡고 왼쪽으로 빙빙 돌아라

(아이를 무릎에 앉히고 두 손을
잡은 뒤 무릎을 경쾌하게 얼러주며
왼쪽으로 몸을 튼다)

뒤로 살쩍 물러 섰다

(아이 등을 뒤로 민다)

앞으로 다시 다가와

(아이 등을 앞으로 민다)

손뼉치며 빙빙 돌아라

(아이 손바닥을 마주쳐 주며
몸을 빙빙 돌려준다)

아이가 개월 수가 많아지면 일어나서
경쾌한 몸동작으로 노래를 부른다.

옆 에 옆 에

옆에옆에옆에 옆으로

(아이와 마주 보고 손을 잡고 흔들다가
'옆으로' 가사에 아이 옆에 가서 선다)

옆에옆에옆에 옆으로

(위의 동작을 반복한다)

위로 아래로 위로 아래로

(아이의 손을 잡고 위아래로 흔든다)

위로 아래로 위로 아래로

(위의 동작을 반복한다)

옆에옆에옆에 뺑 돌아 짝짝

(아이 손을 잡고 한 바퀴 돈 뒤 손뼉친다)
옆에옆에옆에 뺑 돌아 짝짝
위로 아래로 위로 아래로
위로 아래로 위로 아래로

옆에옆에옆에 춤을 춥시다
옆에옆에옆에 춤을 춥시다
위로 아래로 위로 아래로
위로 아래로 위로 아래로

파이프 묘기

공은 어디로 갈까?

발 달 포 인 트

18개월이 되어도 아이는 공놀이와 사라지기 놀이를 좋아하며, 반복하는 것에 열광한다. 그러나 파이프 묘기는 단순한 재미의 놀이가 아니다. 파이프 안으로 공을 굴려 잡는 것은 소근육 운동 능력과 눈과 손의 협응력을 키워준다. 두 사람이 번갈아가며 각각 파이프 한 쪽 끝으로 공을 굴리면서 함께 하는 것을 배운다. 또한 다양한 크기의 공을 파이프 안에 넣어봄으로써 모양에 따라 구별할 수 있게 된다.

직접 만들어 보세요

철물점, 문구점, 화방 등에서 다양한 크기의 파이프를 구할 수 있다. 테니스공, 라켓볼, 헝겊이나 부드러운 고무 소재의 공은 파이프에 딱 맞을 것이다.

한쪽으로 들어간 것이 다른 한쪽으로 나오는 것은 어른들에게 매우 간단한 일이지만, 아이들에게는 마치 공과의 숨바꼭질처럼 느껴져 의아해하면서도 열광한다. 아이가 이 놀이의 비밀을 알았다 할지라도 ("공이 어디 갔지? 오, 여기 있네!") 이 놀이를 몇 번이고 하고 싶어 할 것이다.

● 넓은 플라스틱 또는 종이 소재의 파이프를 준비하여 테니스나 라켓볼 혹은 기타 부드러운 소재의 공을 준비한다. 파이프의 한쪽 끝으로 공을 넣고 파이프를 기울여 공이 굴러 내려가게 한 뒤 아이가 다른 쪽에서 공을 잡게 한다. 몇 번 반복한 뒤 아이와 자리를 바꾸어 해 본다.

● 다양한 크기의 공을 이용하여 놀이의 난이도를 높여 본다. 어떤 공이 파이프에 딱 맞을까? 어떤 공이 파이프에 들어가지 않을까? 지름이 최소 5cm 이상인 공을 선택하여 아이가 공을 삼키는 일이 없도록 하자.

● 아이에게 파이프 한쪽 끝으로 나오는 공을 잡게 하여 이 놀이를 협응력 운동으로 응용할 수 있다. 당신은 일어서고 아이는 파이프 아래쪽에 앉힌 뒤 공이 튀어나오면 잡게 한다. 공이 작을수록 놀이가 더 재미있다.

원인과 결과	✔
소근육 운동 능력	✔
크기와 모양을 통한 판별	✔

◀ 아이가 이 놀이를 좋아한다면
93쪽 아기 농구단을 보세요.

생후18개월
$1\frac{1}{2}$
이후부터

투명한 파이프를 사용하면 공이 위에서 아래로 굴러
가는 모습을 볼 수 있다. 불투명한 파이프를 사용하면
아이는 더 많이 놀랄 것이다.

생후 18개월 이후부터

칙칙폭폭 기차놀이

동 요 를 부 르 며 여 행 을 떠 나 자

기찻길 옆 오막살이

기찻길 옆 오막살이
아기아기 잘도 잔다
칙폭 칙칙폭폭
칙칙폭폭 칙칙폭폭
기차소리 요란해도
아기아기 잘도 잔다

기찻길 옆 옥수수밭
옥수수는 잘도 큰다
칙폭 칙칙폭폭
칙칙폭폭 칙칙폭폭
기차소리 요란해도
옥수수는 잘도 큰다

'칙칙폭폭 칙칙폭폭'을 부를 때 아이의
두 손을 박자에 맞춰 크게 흔들어준다.

언어 발달 ✔
리듬의 발견 ✔

아이들은 리듬을 느끼기 위해 특별한 음악을 필요로 하지 않는다. 단순한 동요로도 리듬을 느낄 수 있다. 재미있는 리듬과 즐거운 몸동작, 그리고 아이에게 친숙한 기차 동요와 열정적인 부모가 있다면 아이는 즐겁게 칙칙폭폭 놀이를 할 것이다.
● 당신이 '기찻길 옆 오막살이'를 부르면서 박자에 맞춰 몸을 움직일 동안, 아이가 당신을 따라하도록 한다. 과장된 몸동작을 해 보자. 몸동작을 강조하면 아이는 해당 단어의 의미를 더 잘 이해하게 될 것이다.

이 노래 놀이는
꼬마기관사에게 박자를
느끼고, 경적을 울리고,
앞뒤로 움직이는 기본
원리를 일깨워줄 것이다.

간지러운 감촉

감 각 의 책

아이는 **잼덩어리**, 죽은 벌레, 오래 전에 먹다 흘린 과자 등 눈에 보이는 (그리고 눈에 보이지 않는) 모든 것에 손을 뻗는다. 다양한 촉감을 느낄 수 있는 책을 아이에게 주어 손가락으로 안전하게 세상을 경험하도록 하자. 관련 책을 사거나 직접 만들 수 있다.

● 질감의 책을 만들기 위해 천, 삼베, 코르덴, 알루미늄 호일, 사포, 에어캡 등의 다양한 재료를 모은다. 각각의 재료를 큰 사각형 모양으로 오려 종이 카드나 도화지 위에 붙인다. 그리고 종이들을 실이나 테이프로 엮어 책으로 만든다.

● 아이와 함께 책을 보면서 아이와 당신이 느끼는 여러 가지 감촉들에 대해 이야기한다.

발 달 포 인 트

촉감 책은 아이가 여러 가지 성질의 다양한 재료를 발견하고, 거칠다/부드럽다, 울퉁불퉁하다/흐늘흐늘하다 같은 개념을 배우는 데 도움이 된다. 또한 아이에게 자신이 좋아하는 것을 표현할 수 있는 기회도 제공한다. 아이가 삼베의 거친 느낌을 좋아하는가? 아니면 알루미늄 호일의 바스락거림을 좋아하는가?

✔ **언어 발달**

✔ **촉감을 통한 판별**

✔ **촉각 자극**

사포나 인조모피처럼 아이에게 익숙하지 않은 질감의 재료로 만든 책을 통해 아이는 안전한 당신 무릎 위에 앉아 세상을 경험할 수 있다.

만약 당신의 아이가 참나무잎과
단풍나무잎을 구별하고, 침팬지와
오랑우탄을 쉽게 구별할 수 있다면,
아이는 하버드의 저명 심리학자
하워드 가드너가 말하는 '자연 지식'
을 발현하는 것일지도 모른다.
가드너는 일곱 개의 지식을 정의한
바 있는데(언어 및 논리, 수학 지식도
이에 포함된다), 자연 지식이란
동물과 식물을 알고 구분하는 능력
을 말한다. 그는 "높은 수준의 자연
지식을 지닌 사람은 자연의 세계에서
편안함을 느끼고, 다양한 종류의
생물들을 돌보고 길들이며 이들과
교류할 수 있는 재능을 지니고 있을
수 있다"고 말한다.

나무와 말하기

숲 속 탐 험

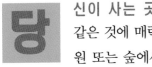

당신이 사는 곳이 도시든 변두리든 시골이든, 아이는 이미 나무 같은 것에 매력을 느꼈을 것이다. 나뭇잎이 있는 집 주변이나 공원 또는 숲에서 식물 세계의 웅대한 아름다움을 발견하도록 도와주어 자연에 대한 아이의 호감을 키워주자.

● 아이에게 나뭇잎, 나무줄기, 나무뿌리와 나뭇가지를 보여준다. 거친 나무껍질, 부드러운 나뭇잎, 마디마디로 된 뿌리를 만지도록 한다. 아이에게 흔들리는 나뭇잎이나 새의 소리를 듣게 하고, 비옥한 토양과 활짝 핀 꽃봉오리의 냄새를 맡게 한다.

● 다람쥐, 새, 벌레와 같이 숲속에서 사는 생물들을 관찰한다. 새의 둥지처럼 생물들이 사는 곳을 손가락으로 가리켜 보여준다.

● 아무리 작은 벌레일지라도 생물을 존중해야 하는 이유를 설명한다. 아이가 잘 이해할 수 있도록 달팽이나 쥐며느리와 같이 무해한 생물을 손에 놓고 아이에게 보여준다.

● 아이가 두 살 이상이 되면, 도토리, 나뭇잎, 솔방울, 나무껍질 등을 주워 모아 집으로 가져온 뒤 콜라주(84쪽 '자연 예술품' 참고)나 자연책을 만든다.

● 우리에게 친숙한 몇몇 나무의 이름을 알려주고, 그들을 구분하는 방법을 가르쳐준다. ("저 나무의 하얀 껍질이 보이지? 저건 자작나무야. 뾰족한 녹색 잎이 달린 건 소나무야.")

발 달 포 인 트

나무와 숲속에 사는 동물에 대해 배우는 것은, 여러 형태로 된 자연을 이해하는 중요한 첫걸음이다. 기어다니는 벌레에 대해 두려움보다는 관심을 보이는 행동은 동정심을 지니고 자연 과학의 위대함을 감상하는 기초 요소가 된다.

✔	**언어 발달**
✔	**감각의 발견**
✔	**시각을 통한 판별**

아이가 이 놀이를 좋아한다면
128쪽 동물 돌보기를 보세요.

나무에 매달린 부드러운 나뭇잎에 대한 아빠의 생각을 말함으로써 아이는 자연을 감상하는 방법을 배우게 된다.

마법 자석

달 라 붙 는 장 난 감 놀 이

 은 아이들은 냉장고에 붙은 자석을 떼어내면서 손의 민첩함을 발휘한다. 그리고 자신의 발견을 뽐낸다. 아이의 시각과 기억력, 호기심 가득한 손가락을 자극하는 놀이에서 자석은 빼놓을 수 없는 놀이도구이다.

● 여러 색깔의 자석을 모은 뒤 쇠로 된 제과용 쟁반에 올려놓는다. (참고: 자석은 알루미늄에 붙지 않는다.) 아이가 좋아하는 동물, 꽃, 음식, 책 속 주인공, 숫자, 탈것 등의 사진을 자석에 붙인다. 지름 5cm 이상인 자석을 사용하여 아이가 삼키는 일이 없도록 한다. 또한 아이가 쉽게 집을 수 있도록 모서리가 반듯한지 확인한다.

● 아이에게 제과용 쟁반에서 자석을 떼었다가 붙여 보게 한다. 아이에게 자석의 색깔, 크기, 그리고 자석 위에 붙은 그림에 대해 이야기한다. 자석을 이리저리 움직여 그림을 그려 본다. 개월 수가 많은 아이들의 경우, 쟁반 위에서 자석 한 개를 빼낸 뒤 어떤 자석이 없는지 알아맞히게 한다.

발 달 포 인 트

자석을 잡고 움직이는 것은, 그림 그리기, 퍼즐 맞추기, 작은 단추 채우기, 글씨 쓰기에 필요한 소근육 운동 능력을 쌓는 데 도움이 된다. 아이의 호기심을 자극하는 자석에 대해 대화함으로써 아이는 색깔과 크기를 구분하고, 어휘력을 키우게 된다. 나아가 자석을 '사라지게' 하는 것은 시각에 의한 기억력을 키워준다.

직접 만들어 보세요

자석 위에 가족들의 사진을 붙여 개인 자석을 만들어 보자. 가족들의 사진 대신 아이가 좋아하는 동물들의 사진이나 그림, 혹은 잡지에서 오려낸 그림을 붙이자. 마트나 완구점에서 자석이 붙은 액자를 구입할 수 있다.

셈하기 개념	✔
소근육 운동 능력	✔
크기와 모양을 통한 판별	✔
시각을 통한 기억	✔

◀ 아이가 이 놀이를 좋아한다면
99쪽 간지러운 감촉을 보세요

자석의 원리를 이해하기에 아직 어리지만,
어떤 물건들이 제과용 쟁반에 달라붙는지 배우는 것은
과학적 발견의 첫걸음이 된다.

103

주먹 쥐고 손을 펴서

재미있는 리듬과 노래

주먹 쥐고

주먹 쥐고 손을 펴서

(주먹을 쥐었다 편다)

손뼉 치고 주먹 쥐고

(박수를 세 번 치고 주먹을 쥔다)

또 다시 펴서 손뼉 치고

(박수를 세 번 친다)

두 손을 머리에

(손을 머리에 올린다. 가사를 '무릎에'라고 바꾸어 무릎에 올려도 본다)

머리는 하나 눈은 둘이요

(눈을 가리킨다)

코는 하나 입도 하나요

(코와 입을 가리킨다)

창조적인 표현	✓
소근육 운동 능력	✓
언어 발달	✓

아 이들은 자신의 몸과 신체 각 부위의 이름에 대해 큰 애정을 지니고 있다. 또한 몸을 간질이거나 깜짝 놀라게 하는 놀이를 좋아한다. 이 노래를 부르면서 아이는 자신의 몸에 대한 지식을 확인하고, 몸을 간질이는 놀이를 하게 된다.

● 아이에게 노래를 불러주면서 어떤 몸동작을 하는지 보여주고, 아이가 따라 할 수 있는지 살핀다. 아이가 순서를 기억하지 못하면 아이가 따라할 수 있을 때까지 손가락으로 동작을 알려준다.

엄마의 적극적인 동참으로 아이는 손가락으로 간질이는 놀이를 즐기게 될 것이다.

비치볼 잡기

공 주고받기

대부분의 아이들은 공을 잡는 것보다 던지는 것을 먼저 배운다. 하지만 아이들은 작은 두 팔로 공중에서 움직이는 공을 잡는 것을 좋아한다. 인내심을 가지고 아이와 함께 연습한다면 아이는 공 잡는 방법을 배우게 될 것이다. 우선 아이에게 공을 굴리고 당신에게 다시 굴리도록 한다. (24쪽 '공 주고받기' 참고) 아이가 이 동작에 익숙해지면 공기를 약간 뺀 비치볼(아이의 작은 손으로 잡기 쉽다)을 아이에게 던진 뒤 이를 잡도록 한다.

● 아이와 50cm 정도의 거리를 두고 바닥에 앉거나 무릎을 꿇고 앉은 뒤 비치볼을 던지게 한다. 아이에게 공 잡는 법을 보여준 뒤 아이에게 공을 던져 잡게 한다. 아이가 당신이 던지는 공을 잘 잡게 되면 (많은 연습을 필요로 할 것이다) 둘 사이의 거리를 조금씩 멀리 한다.

아이에게 공을 던지기 전에
공 잡는 방법을 알려주면 아이는 더 빨리 놀이 방법을 터득할 것이다.

발 달 포 인 트

무언가를 잡는 놀이는 전신 운동 능력과 눈과 손의 협응력을 키우는 재미있고 간단한 사회성 훈련이다. 던지는 공을 잡으려면 빠른 반사 신경과 공간 인지 능력을 필요로 하는데, 이들을 익히는 데 시간이 걸릴 수도 있다. 아이와 즐겁게 공 잡기 놀이를 하면서 협동하여 노는 것을 경험하도록 한다.

✔	눈과 손의 협응력
✔	전신 운동 능력
✔	사회성

105

균형 잡기

평 균 대 위 에 서 균 형 잡 고 서 기

발 달 포 인 트

평균대나 통나무, 낮은 벽은
호기심 많은 아이들에게 참을 수
없는 도전 정신을 불러일으킨다.
아이가 완벽하게 균형을 잡고 평균대
위를 걸을 수 있게 되면 아이의 균형
감각은 높아지고, 눈과 발의 협응력
이라는 중요한 능력이 발달된다.
이 기술은 걷기, 뛰기, 뛰어오르기,
제자리뛰기, 건너뛰기, 체조 후
착지를 하는 데 도움이 될 것이다.

균형 감각	✔
눈과 발의 협응력	✔
공간 인지	✔

아이가 이 놀이를 좋아한다면
125쪽 발자국 놀이를 보세요. ▶

좁은 길 위에서 균형을 잡으려고 하는 것은 아이들에게 자연스
럽고 보편적인 활동이므로, 이 놀이를 적극적으로 권하지 않아
도 아이들은 좋아할 것이다. 체육관, 공원, 놀이터 등지
에서 아이가 안전하게 걸을 수 있는 낮은 평균대를 찾아보자.
아이에게 평균대 위에서 걷는 방법을 보여준 후, 아이의 손
을 잡고 천천히 평균대 위를 걷게 한다.
● 아이가 평균대 위로 걸으려고 하지 않는다면, 한쪽
끝에 장난감을 놓은 뒤 아이의 손을 잡고 함께 끝
까지 걸어가서 장난감을 집도
록 한다. 이 놀이는 부드럽
거나 푹신푹신한 바닥 위
에서 한다.

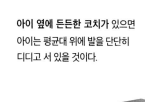

아이 옆에 든든한 코치가 있으면
아이는 평균대 위에 발을 단단히
디디고 서 있을 것이다.

106

손가락 인형 놀이

전 통 적 인 무 대 공 연

아이들은 **손가락 인형**을 좋아한다. 마술을 쓴 것처럼 인형들이 살아 있기 때문이다. 아이에게 인형들의 익살극을 보여준다면 아이는 인형들을 더 좋아하게 될 것이다. 가게에서 파는 예쁜 인형을 사거나 양말 혹은 가방에 사인펜으로 인형의 얼굴을 그린다. 여기에 테이프로 귀나 뿔을 붙이고 실로 머리카락을 만든다.

● 의자 등받이나 소파 뒤에 담요를 덮어 무대를 만든다. 한두 개의 인형으로 아이에게 이야기를 들려주고 노래를 불러준다. 각 인형의 목소리를 다르게 한다.

● 아이에게 여러 가지 질문을 하고 인형과 대화하도록 유도한다. 아이가 가장 좋아하는 음식, 제일 좋아하는 장난감, 엄마와 아빠에 대해 물어본다. 그리고 인형에게 아이의 코와 발가락을 보여달라고 하자. 아이들은 자신의 신체 부위를 가리키는 것을 즐거워한다.

발 달 포 인 트

아이가 두 살이 되면 자신의 장난감에 모든 종류의 인간성을 부여하여 장난감을 자신의 가장 친한 친구로 여긴다. 손가락 인형을 사람처럼 연기함으로써 아이의 상상력을 자극하게 된다. 아이에게 이야기를 들려주고 아이와 함께 대화를 함으로써 아이의 대화 기술에 박차를 가하게 된다.

✔ **상상력**

✔ **언어 발달**

✔ **사회성**

크고 뚱뚱한 개구리, 점박이 오리와 함께 재미있는 대화를 나눌 수 있다.

107

기차 여행

상 상 의   기 차 놀 이

발 달 포 인 트

이 놀이를 통해 꼬마기관사는 상체 근육의 협응력을 향상시키고, 노래의 리듬에 맞춰 움직이는 것을 배우게 된다. 칙칙폭폭 소리를 내는 꼬마여행자는 몸 전체의 협응력과 더불어 균형 감각을 익히게 된다. 정신없이 깔깔대며 엄마 무릎에 가만히 앉아 있는 것은 어려운 일이기 때문이다. 또한 역할 놀이는 상상력의 윤활제가 된다.

아이의 넘치는 에너지를 상상의 기차 여행에 활용해 보자. 목적지를 말하며("첫 번째 역은 엄마 무릎입니다!") 기적을 울린 뒤 ("뿌웅-") 아이를 무릎 위에 앉힌다. "칙칙폭폭 칙칙폭폭", 기차 소리를 내며 아이의 양손을 굴러가는 기차 바퀴처럼 원을 만들거나 기적을 울리게 한다. 또 아이는 기관차, 당신은 승무원이 되어 집 안을 돌며 칙칙폭폭 놀이를 한다. ("다음 역은 침실입니다!")

● 아이와 함께 몸을 양옆으로 흔들면서 기차가 구불구불한 길을 가는 흉내를 낸다. 기차는 터널을 지나고 (이때 고개를 숙이는 것을 잊지 말라) 중간 중간 역에 정차하여 승객들을 내려준다.

● 집 안을 돌아다니며 기차놀이를 할 때 아이가 좋아하는 기차 노래를 한다. (98쪽 '칙칙폭폭 기차놀이' 참조)

● 아이가 직접 기차를 보고 이 놀이를 더욱 즐길 수 있도록 하기 위해 아이를 실제 기차역이나 지하철역으로 데려가 기차를 태운다.

협응력	✔
전신 운동 능력	✔
상상력	✔
사회성	✔

아이가 이 놀이를 좋아한다면
134쪽 소방차 운전하기를 보세요 ▶

"뿌웅! 기차가 출발합니다!"

엄마 무릎에 앉아 신나는
기차놀이를 하면서 아이의
기차 운전 실력은
향상될 것이다.

109

"싫어"라고 말하는 시기

처음 부모가 된 이들이 가장 놀라는 것 중 하나는, 말 잘 듣고 착하던 아이가 전에 없이 "바나나 싫어" "목욕 싫어" "노래 싫어"와 같이 '싫어' '안 해'라는 말만 하는 변덕스러운 아이로 변하는 것이다. 벤자민 스폭 박사는 『아기와 아이 돌보기(Baby and Child Care)』라는 책에서 다음과 같이 애기하고 있다. "아이가 별로 내켜하지 않는 일을 부모가 시키면 아이는 이에 반발해야 한다고 느낀다. 심리학자들은 이를 '부정주의'라고 말한다." 이 부정주의를 받아들이는 것은 인내심이 많은 부모조차 그들의 성격을 시험대에 오르게 하는 것이 될 수 있다. 그러나 스폭 박사는 이것은 아이가 혼자 힘으로 생각할 수 있는 독립적인 인간으로 성숙하고 있음을 보여주는 중요한 증거라고 말한다.

아이를 대할 때 차분하며 협조적이고 이성적인 모습을 보이는 것은, 아이를 차분하고 협조적이며 이성적인 사람이 되도록 가르치는 가장 효과적인 방법이다. 하지만 여기에는 시간이 걸릴 것이다. 아이가 자기 제어에 대해 좀더 배우기 전까지 아이는 원하는 대로 하지 못하면 화를 낼 것이다. 아이에게 자신이 원하는 것을 가질 수 없음을 가르치기 위해 가급적 아이의 이런 행동을 무시하는 것이 좋다. 『좋은 아이들 키우기(Raising Good Children)』의 저자인 발달심리학자 토마스 리코나는, 아이가 늘 즐거운 기분을 유지하도록 하고, 불안해할 때에는 기분전환거리를 주며, 안전한 공간에서 자유롭게 놀 수 있는 시간을 많이 줄 것을 권장한다. 또한 "엄마가 열을 셀 때까지 의자에 가서 앉을 수 있는지 한번 볼까"와 같이 숫자를 셀 것을 권장한다. 또 다른 전략은 아이에게 선택의 기회를 주는 것이다. 만약 아이가 날씨에 맞지 않는 옷을 입겠다고 고집을 피운다면, 아이가 입어야 할 옷 두 가지를 놓고 아이에게 오늘은 어떤 옷을 입고 싶은지 묻는다. 이런 방법은 어른들에게는 뻔하지만, 고집 피우는 아이가 그토록 원하는 지배와 자유를 느끼게 할 수 있는 효과적인 방법이다.

말타기

생후 24 개월
2
이후부터

말을 타고 집 안을 한 바퀴 돌자

아이는 말들의 사진을 보며 즐거워하지만, 실물을 대하면 조금 두려워한다. 당신이 조랑말이 되어 아이가 균형감을 익힐 수 있도록 하자. 무릎을 꿇고 앉아 두 손으로 바닥을 짚은 뒤 등이나 어깨에 아이를 태운다. 아이가 잘 앉아 있는지 확인하고, 아이가 미끄러질 경우에는 아이의 다리를 잡는다.

● 이 놀이를 좀더 흥겹게 하고 싶다면 방바닥을 기어가면서 아이가 좋아하는 노래를 부른다. 아이가 몸의 균형을 잘 잡을 수 있도록 상체를 바닥으로 약간 내렸다가 올리거나, 너무 높지 않게 몸을 양옆으로 흔든다.

이랴!
마루에서 말로 변신해 미래의
카우걸에게 말타기 연습을 시키자.

발 달 포 인 트

두 살 난 아이는 이제 잘 걸을 수 있다. 하지만 균형 감각이 완벽하게 형성되지는 않았다. 아이를 등에 태우고 집 안을 기어가면, 아이는 무게 중심을 어떻게 잡아야 하는지 알게 될 것이다. 또한 아이는 자신이 정말로 예쁜 조랑말(또는 재빠른 종마)을 타고 있다고 여기면서 상상력을 한껏 펼칠 수 있을 것이다.

✔ **균형 감각**

✔ **전신 운동 능력**

✔ **상상력**

111

머리에서 발끝까지

머리 어깨 무릎 발

머리 어깨 무릎
발 무릎 발

머리 어깨 무릎
발 무릎 발 무릎

머리 어깨
발 무릎 발

머리 어깨 무릎
입 코 귀

노래를 부르며 가사에 나오는
신체 부위를 두 손으로 만진다.

신체 인지	✔
전신 운동 능력	✔
청력	✔
리듬의 발견	✔
시각을 통한 기억	✔

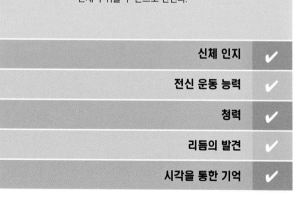

당신도 어렸을 때 유치원이나 학교에서 친구들이나 부모님과 함께 이 노래를 불렀을 것이다. 이 노래는 각 신체 부위의 이름을 익히고 외우는 데 적합하다.

● '머리 어깨 무릎 발'을 아이에게 불러주면서 가사에 신체 부위가 나올 때마다 해당 부위를 양손으로 집는다.

● 노래를 반복해 부르면서 속도를 점점 빨리 한다. 아마 노래는 뒤죽박죽이 될 테고 숨은 가빠질 테지만 아주 재미있을 것이다.

● 아이가 노래를 잘 따라하지 못할 경우, 당신이 노래를 부르면서 아이에게 어디를 집어야 할지 아이의 두 팔을 잡고 알려준다.

아이가 이 놀이를 좋아한다면
114쪽 둥글게 모여 부르는 노래를 보세요.

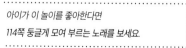

112

음악에 맞추어 발을 만짐으로써
아이의 몸과 아이가 느끼는
리듬은 하나가 된다.

전 문 가 의 도 움 말

음악은 흥분 상태의 사람을 진정시키는 것은 물론, 마음까지도 활기차게 만들어준다. 물리학자 고든 쇼와 심리학자 프란세스 라우셔는 1993년에 전 세계적인 연구를 시행했다. 그들은 시공간 추리력 테스트 전에 학생들에게 모차르트의 '두 대의 피아노를 위한 소나타 D장조'를 10분간 들려줬다. 결과는 들은 학생들은 그렇지 않은 학생들에 비해 점수가 8~9점 높게 나타났다. 또한 미국 플로리다 주 의원들은 1998년에 '베토벤 육아법'을 제정하여 주에서 보조하는 육아센터에서는 매일 30분간 클래식 음악을 틀도록 했다. 모차르트의 곡과 비교했을 때 '머리 어깨 무릎 발'은 단순한 소리에 불과하지만, 라우셔는 클래식, 재즈, 록 등의 복잡한 음악은 뇌의 발달을 촉진할 수 있다고 주장한다.

113

둥글게 모여 부르는 노래

여러 세대에 걸쳐 사람들이 좋아하는 이 노래들은, 아이들이 둥글게 움직이고 싶을 때 가장 완벽한 노래이다. 특히 엄마와 아빠 또는 아주 친한 친구들과 손을 잡고 둥글게 돌며 노래를 부르면 우정과 즐거움이 싹튼다.

둥 글 게 둥 글 게

둥글게 둥글게 둥글게 둥글게
빙글빙글 돌아가며 춤을 춥시다
손뼉을 치면서 노래를 부르며
랄랄랄라 즐겁게 춤추자
링가링가 링가 링가링가링
링가링가 링가 링가링가링
손에 손을 잡고 모두 다함께
즐겁게 뛰어봅시다
둥글게 둥글게 둥글게 둥글게
빙글빙글 돌아가며 춤을 춥시다
손뼉을 치면서 노래를 부르며
랄랄랄라 즐겁게 춤추자

수 건 돌 리 기

바람 솔솔 불어오는 산에 올라가
파란 하늘 노란 들판 내려다보며
잔디밭에 옹기종기 모여 앉아서
수건돌리기를 해보자
손 잡고 동그랗게 모이자
모두 모이자 랄랄라
누가 누가 술래냐 가위 바위 보
빙글빙글 돌아간다 술래가 돈다
우리 모두 손뼉 치며 노래부르자
파란 하늘 높이높이 올라가도록
소리높여 노래부르자

빙 빙 돌 아 라

손을 잡고 오른쪽으로 빙빙 돌아라
손을 잡고 왼쪽으로 빙빙 돌아라
뒤로 살짝 물러 섰다 앞으로 다시 다가와
손뼉 치며 빙빙돌아라

열 꼬 마 인 디 언

한 꼬마 두 꼬마 세 꼬마 인디언
네 꼬마 다섯 꼬마 여섯 꼬마 인디언
일곱 꼬마 여덟 꼬마 아홉 꼬마 인디언
열 꼬마 인디언 보이

열 꼬마 아홉 꼬마 여덟 꼬마 인디언
일곱 꼬마 여섯 꼬마 다섯 꼬마 인디언
네 꼬마 세 꼬마 두 꼬마 인디언
한 꼬마 인디언 보이

아이들은 친구들과 손을 잡고
어지러울 정도로 빙글빙글 돌며
노래를 부르는 것을 좋아한다.

어항 놀이

가 짜 물 고 기 로 재 미 있 는 시 간 을

발 달 포 인 트

가짜 어항을 갖고 노는 것은
아이에게 물고기와 그들의 독특한
습성, 즉 움직이기 위해 헤엄을 치며
아가미로 숨을 쉰다는 것을
가르칠 수 있는 좋은 기회이다.
또한 가짜 물고기를 갖고 놀면서
상상력을 표현할 수 있다. 그리고
색깔, 모양, 질감, 움직임과 관련된 단
어들을 익힘으로써 어휘력을
한층 높이게 된다.

창조적인 표현	✔
상상력	✔
언어 발달	✔
감각의 발견	✔

대부분의 사람들은 어항 안에서 헤엄치는 물고기들을 보는 것을 좋아한다. 아이들 또한 물고기 보는 것을 좋아하지만, 한발 더 나아가 직접 물을 만지고 물고기와 물 속의 식물을 손으로 잡고 싶어한다. 아이들을 위한 미니 풀장이 있는 수족관에 가서 (물고기들에게 해를 입히지 않으면서) 아이들의 이러한 욕구를 만족시킬 수 있다. 또는 아이가 마루에서 직접 갖고 놀 수 있는 가짜 어항을 만들어 보자.

● 플라스틱 상자 또는 식기 정리함 밑바닥에 얇은 파란 종이를 깔고 조개껍데기와 플라스틱 물고기, 모형 식물들을 넣어 어항을 만든다. 어항 속의 느낌과 색깔, 그리고 물고기들이 어떻게 헤엄치고 숨는지 물 속 생활에 대해 알려준다. 아이와 물놀이를 하고 싶다면 파란 종이를 교환할 때 물도 함께 바꾼다. 아이에게 국자와 거름망을 주어서 직접 어항을 청소하게 한다.

● 만약 아이가 진짜 물고기에 관심을 보인다면 (아이에게 진짜 물고기는 어항 밖에 나와 살 수 없음을 꼭 설명하라) 아이와 함께 진짜 어항을 만들어 본다. 실제 물고기들이 사는 어항을 보기 위해 수족관을 파는 가게에 가 보자. 그곳에서 아이는 다양한 물고기 이외에 거북이, 개구리, 도롱뇽 혹은 해마 같은 바다 동물들을 볼 수 있을 것이다.

가짜 어항은 실제 물 속 세계로의
홀륭한 안내자가 될 것이다. 그리고
가짜 물고기는 물에서 멀리 나와 있는
것을 즐거워할 것이다.

아이가 이 놀이를 좋아한다면
128쪽 동물 돌보기를 보세요.

117

스카프 묘기

펄 럭 이 는 스 카 프 잡 기

발 달 포 인 트

생물학적으로 두 살 난 아이는 뛰기,
발로 차기, 뛰어오르기,
구르기와 같은 모든 종류의
전신 운동 능력을 키워
가게끔 되어 있다. 이 놀
이를 통해 아이는 던지기
와 잡기를 연습할 수 있
는 새로운 물건을 접하게
될 것이다. 부드러우면서도 하
늘거리는 스카프는 보기에도
만지기에도 근사한 물건이다.

눈과 발의 협응력	✔
눈과 손의 협응력	✔
전신 운동 능력	✔

이미 아이는 구르는 공과 플라스틱 뚜껑 또는 집에서 키우는 고양이를 잡을 수 있을 것이다. 아이의 눈과 손의 협응력에 자극을 주는 새로운 놀이를 소개한다. 밝은 색상의 가벼운 스카프를 모은다. 이 중 몇 개를 동시에 손으로 헝클어뜨린 후 머리 위로 높이 던져서 하늘거리며 바닥에 떨어지기 전에 손으로 잡게 한다. 몇 번 반복한 후, 아이에게 스카프를 던지게 하고 당신이 잡아 본다. 아이의 개월 수가 많아지면 스카프를 잡기 전에 제자리에서 빙 돌거나 손뼉을 치도록 해 본다.

하늘에 떠 있는 무지개를
잡는 것은 눈과 몸에 자극적일
뿐만 아니라 재미있기도 하다!

생후 24 개월 이후부터 2

전화 걸기 놀이

재 미 있 는 전 화

곰

이 꿀에 끌리듯이 아이들은 전화기에 끌린다. 아이에게서 비싼 무선 전화기를 빼앗는 대신 아이 전용 전화기를 한 대 마련해 주자. 창고에 보관 중인 안 쓰는 전화기를 사용하거나 장난감 전화기(일부는 버튼을 누르면 소리가 나기도 한다)를 구입한다. 아이에게 전화기를 귀에 대고 "이름이 뭐예요?" "잘 지내세요?" "아빠 좀 바꿔주세요" 등의 간단한 문장을 말하도록 한다.

"저는 크리스티나에요. 오늘 우리 집에 놀러 올 수 있으세요?" 할머니, 할아버지 또는 데비 이모와 상상의 전화 통화를 함으로써 대화를 주고받는 법을 배우게 될 것이다.

발 달 포 인 트

상상일지라도 대화를 계속 이어 나가는 방법을 배우는 것은 이제 막 솟아나기 시작하는 언어 능력과 사회성을 키우는 데 도움이 된다. 또한 아이가 당신에게 걸려온 전화를 받아 상대방에게 말하기 전에 기본적인 전화 예절("여보세요?" "저는 잘 지내요." "안녕히 계세요.")을 가르칠 수 있는 유용한 놀이이다.

✔	**창조적인 표현**
✔	**언어 발달**
✔	**자아 개념**
✔	**사회성**

아이가 이 놀이를 좋아한다면
142쪽 인형 놀이를 보세요 ▶

119

잘했어요!
아이는 병들을 쓰러뜨리기 위해
하마콩주머니를 힘껏 던질 것이다.

『마음의 신비한 나무(Magic Trees of the
Mind)』의 저자인 신경해부학자
마리안 다이아몬드와 과학 기자인
재닛 홉슨은 콩주머니 던지기와 같이
육체적, 정신적 발달을 자극하는
공간 운동의 중요성을 강조한다.
그들은 공간 인지(거리와 넓이를 판단
하는 능력)에 대해 "가장 확실하고
실용적인 정신 능력 중 하나"이며,
공간 운동은 "아이가 즐거운 마음으로
앞으로 학습할 내용을 준비하는
여러 방법 중 하나"라고 말한다.

콩주머니 볼링

던 지 는 법 배 우 기

유 **아용 의자 위에서** 포크를 바닥으로 떨어뜨리거나 선반에서 당신의 CD를 밀어내는 등, 아이는 물건을 밀면 어떤 일이 일어나는지 (가끔은 당신의 반응을 보기 위해) 지켜보며 매우 즐거워한다. 이로써 인과관계에 대해 자연스럽게 배운다. 또한 중력과 힘 (아직은 이 단어들의 뜻을 배우지 않더라도) 같은 개념을 배우는 좋은 방법이기도 하다. 만약 '부서지기 쉬운 물건'이라는 개념에 관심이 있다면, 파괴에 대한 아이의 호기심을 이용하여 함께 즐길 수 있는 놀이를 해 보자.

● 크고 가벼운 플라스틱 병이나 컵 또는 빈 캔을 모은다. 콩주머니를 던져 병들을 쓰러뜨리는 방법을 보여준다. 아이에게는 앉아서 하는 편이 더 쉬울 것이다. 아이와 번갈아가며 콩주머니를 던진다. 점수는 매기지 않는다.

● 콩주머니 대신 다양한 크기의 공이나 볼링핀을 이용하여 놀이를 한다. 또 매번 플라스틱 병들과 아이 사이의 거리를 다르게 한다. 곧 아이는 목표물에서 멀리 있을수록 힘을 더 써야 한다는 것을 깨달을 것이다.

● 아이가 놀이에 익숙해지면 서서 콩주머니를 던지게 한다. 놀이에 재미를 더하기 위해 아이가 방 여기저기로 쓰러뜨린 병들을 주워오게 한다.

발 달 포 인 트

콩주머니나 공을 던지는 것은, 눈과 손의 협응력 발달 및 인과관계 이해에 도움이 된다. 또한 유아기 내내 사용할 기술인 번갈아 하기를 익힐 수 있다. 이는 훗날 다른 아이들과 함께 놀기 같은 상호 교류에서 결정적인 역할을 한다.

✔ **균형 감각**

✔ **원인과 결과**

✔ **눈과 손의 협응력**

✔ **전신 운동 능력**

물놀이

욕조에서 물놀이

어떤 종류의 물놀이든 아이의 감각을 자극하는 좋은 놀이가 될 수 있다. 물줄기가 비로 변하는 것을 보면서, 아이는 촉각, 청각, 시각의 자극을 받는다. 또한 아이는 '비어 있다/가득 차다'의 개념과 물은 다양한 형태와 모양을 지닌다는 것을 배우게 된다.

개념 인식	✔
언어 발달	✔
감각의 발견	✔
촉각 자극	✔

아이는 물놀이를 좋아하고, 욕조에서 노는 것을 좋아한다. 이제 아이는 욕조 안에서 비를 만들면서 자연의 성질에 대해 배울 수 있다.

● 요구르트 통의 뚜껑(혹은 바닥)에 구멍을 뚫거나 여과기, 물뿌리개 또는 플라스틱 소재의 잔구멍이 뚫린 망을 이용하여 비 만드는 기구를 만든다.

● 비 만드는 기구 안에 물을 넣는 방법을 알려준다. 여과기에 물을 퍼부으면 굵은 비가 만들어질 것이다. 비와 관련된 노래를 부르거나 주룩주룩 쏴아아 같은 빗소리를 내면서 아이의 머리와 몸 전체에 부드럽게 빗방울을 뿌린다. 어떤 아이들은 기뻐서 소리를 지를 테지만, 어떤 아이들은 비 맞는 것을 즐기기 위해 몇 개월을 더 기다려야 할지도 모른다.

● 분무기에 물을 넣어 아이에게 물을 뿌린다. 아이도 당신에게 물을 뿌리려고 할 것이다. 아이에게 분무기 손잡이의 사용법을 알려주어 물을 뿌리게 한다.

● 개월 수가 많은 아이라면 샤워기에서 떨어지는 물을 보며 즐거워하기도 한다. 이때 물의 온도를 반드시 확인하자. 즐거움을 높이기 위해 아이와 함께 욕조에 들어가 물을 뿌린다.

아이가 이 놀이를 좋아한다면
126쪽 아이의 목욕 시간을 보세요. ▶

비를 만드는 기구를 아이에게 주면 즐
거움은 저절로 흘러나올 것이다.

나는 누구일까요?

옷 입 기 놀 이

발 달 포 인 트

두 살 난 아이들의 대부분은 옷에 대해 매우 뚜렷한 취향을 지니고 있다. 그리고 아이들은 혼자 힘으로 옷을 입으려고 한다. 이 놀이를 통해 아이는 자신이 입을 옷을 고르고, 천천히 옷을 입는 여유를 누릴 수 있을 것이다. 또한 역할 놀이는 미래의 사회생활에 대한 예행연습이 될 것이다.

창조적인 표현	✔
상상력	✔
역할 놀이	✔
사회성	✔

처음으로 손에 무언가를 쥐는 방법을 배운 아이는 당신의 스카프, 모자, 부드러운 스웨터를 갖고 놀기 시작한다. 그리고 기기 시작하면서 당신의 옷장으로 향했을 것이다. 이제는 아이만의 옷장에 열중하도록 할 시간이다. 여러 가지 옷들을 준비하고 (벼룩시장이나 할인매장에서 비싸지 않은 옷들을 구입하면 된다) 아이가 되고 싶은 사람처럼 옷을 입게 한다. 아이에게 누구처럼 옷을 입었는지 물어보고, 아이의 친구들을 초대해 함께 놀도록 한다.

아이들은 공주, 카우보이, 영화배우처럼 옷을 입어 보는 것을 좋아한다.

124

발자국 놀이

발 자 국 따 라 가 기

 가락을 빨며 맛본 느낌 때문이든 신발 때문이든 당신의 아이는 아기였을 때부터 자신의 발을 좋아했다. 발자국을 따라가는 놀이를 통해 자신의 발을 새롭게 발견하고 운동 능력을 키울 수 있도록 하자. 색종이 위에 아이의 발 모양을 그린다. 발 모양을 오려서 네모난 종이 위에 붙인다. 종이들을 바닥에 늘어놓아 길을 만든 뒤 발 모양을 따라 걷도록 한다.

아이는 색색깔의 발자국을 따라 걸으며 균형 감각과 집중력을 키울 수 있다.

발 달 포 인 트

무언가의 흔적을 따라가는 것은 훌륭한 균형 감각과 협응력을 요구한다. 길의 모양이나 종이 사이의 거리를 다르게 하거나 종이 사이를 건너뛰게 하여 균형 감각을 자극한다. 아이가 색종이 위를 걸을 때마다 빨강, 파랑, 초록이라고 말하면 아이의 어휘력은 강화된다.

✔ **균형 감각**

✔ **협응력**

✔ **눈과 발의 협응력**

✔ **전신 운동 능력**

 아이가 이 놀이를 좋아한다면 106쪽 균형 잡기를 보세요.

125

아이의 목욕 시간

발 달 포 인 트

아이가 두 살 즈음이 되면 흉내내기 놀이를 즐긴다. 놀이를 통해 아이는 아기인형의 부모가 되고, 꼬마 대장이 되어 사회성과 상상력을 키운다. 비누칠 한 작은 인형의 몸 구석구석을 씻기는 것은 소근육 운동 능력의 발달을 돕는다.

신체 인지	✔
소근육 운동 능력	✔
상상력	✔
역할놀이	✔
사회성	✔

아이는 인형들을 안고 달래고 음식을 먹이고 재우며(142쪽 '인형 놀이' 참고) 엄마 아빠 놀이를 하는 것을 좋아하는가? 그렇다면 인형을 목욕시키는 것도 좋아할 것이다. 목욕놀이를 통해 아이는 몸을 청결히 유지하는 것과 애정을 담아 인형을 목욕시키는 것을 배우게 될 것이다.

● 대야나 아기 욕조에 따뜻한 물을 담아 인형 욕조를 만든다. 실감 나는 목욕을 위해 수건과 비누 그리고 목욕용 장난감을 준비한다.

● 아이에게 물의 온도를 확인하도록 하고 ("물이 너무 뜨겁니? 너무 차갑니?") 인형을 목욕시킬 때 부드럽게 대하도록 한다.

● 인형의 여러 신체 부위를 가리킨다. ("이건 코네! 그리고 이건 발가락이네!") 이 시기의 아이들이 가장 좋아하는 신체 부위 이름 맞히기를 연습하게 될 것이다.

● 인형이 더럽다고 가정하고 인형의 귀 뒤쪽, 발가락 사이 등을 씻기게 한다.

● 인형이 깨끗해지면 수건으로 인형을 닦게 한다. 마지막으로 양치질을 시키게 한다.

◀ 아이가 이 놀이를 좋아한다면
82쪽 신체 부위 가리키기를 보세요.

쓱쓱 싹싹, 인형을 씻기자!
두 살 난 아이는 인형을
목욕시키게 되어 기쁠 것이다.

전 문 가 의 도 움 말

불과 몇 달 전만 해도 아이는 이런
종류의 상상놀이를 할 수 없었을 것이
다. 하버드 대학의 인지신경과학자이자
교육자인 커트 피셔는, 뇌가 예측
가능한 일정 간격에 따라 급성장한다
는 것을 증명하고자 아이들의 두개골의
성장, 뇌파 활동, 신경 결합의 강도를 추
적했다. 그는 뇌는 생후 18개월에서 24
개월 사이에 급성장하며, 이때
상징적인 표현을 할 수 있는 능력이
생긴다고 밝혔다. 아이는 이때 무생물
(아이의 인형 같은)을 씻겨야 하는
'아기'라고 상상하는 정신적인
첫 도약을 한다.

127

동물 돌보기

다른 생물들을 돌보는 방법 배우기

상상놀이를 통해 아이는 감정 이입에 대해 배우고, 다른 사람과 동물들을 돌보는 연습을 한다. 또한 '새는 날개가 있고, 호랑이는 발톱 달린 발이 있고, 코끼리는 코가 있다'와 같이 동물 세계와 관련된 어휘들을 습득하게 된다. 그리고 아이에게 동물이 왜 아픈지 말해줌으로써 ("망아지가 설탕을 너무 많이 먹어서 배탈이 났어") 동물에 대한 지식을 넓힐 수 있다.

개념 인식	✔
창조적인 표현	✔
소근육 운동 능력	✔
상상력	✔
역할놀이	✔

아이들은 동물을 좋아하고, '아야' '아파'라는 개념에 열중한다. 이는 아이가 병원놀이를 할 준비가 되었음을 의미하기도 한다. 모든 것은 상상에 불과하지만, 아이는 동물 친구들을 보살피는 법을 배우며 즐거워할 것이다.

● 아이에게 좋아하는 인형과 플라스틱 장난감을 모으게 한다. 장난감의 지름이 5cm 이상인지 확인하여 아이가 삼키는 일이 없도록 한다.

● 작은 상자나 과일 바구니를 준비하여 새장이나 우리로 사용한다. 냅킨이나 작은 스카프는 담요로 쓸 수 있다.

● 아이에게 동물들이 어떻게 다쳤는지, 어떻게 귀에 벌레가 들어갔는지, 어떻게 날개가 부러졌는지, 왜 배가 아픈지 등에 대해 말해준다.

● 아이가 아픈 동물들을 씻기고, 상처를 붕대로 감고, 부러진 팔다리를 붕대로 묶고, 깨끗한 잠자리를 마련해 돌보도록 한다. 그리고 동물들을 많이 쓰다듬어 주고 따뜻한 말들을 하도록 유도한다. 장난감 병원놀이 세트는 아픈 동물들을 검사하는 데 도움이 될 것이다.

아이가 이 놀이를 좋아한다면
180쪽 동물 배우를 보세요.

"망아지가 아프니?"

아이는 병원놀이를
하면서 살아 있는 모든 것에 대해
자연스럽게 배우게 된다.

129

놀이의 다양한 형태

이 책은 부모와 아이가 함께 즐길 것을 강조하지만, 아이가 친구들과 어떻게 노는가를 이해하는 것 또한 중요하다. 한 살짜리 아이들은 주로 혼자 노는 것에 열중하고, 처음 만나는 세상을 탐색하는 데 정신이 없다. 다른 아이들에 대해 호기심을 보이기도 하고, 종종 이들이 하는 행동이나 소리를 따라하기도 한다. 시간이 지날수록 아이들은 대등한 놀이에 열중한다. 두세 명의 또래 아이들이 모여 따로따로 블록 쌓기 놀이를 하듯이, 나란히 앉아 서로 상호 교류 없이 비슷한 장난감을 갖고 논다. 유아 심리학자인 페넬로프 리치는 자신의 책 『당신의 아기와 아이(Your baby and child)』에서 "두 살 즈음의 아이들은 점차 다른 아이들과의 교제를 필요로 한다"고 말한다. 대부분의 아이들은 또래 놀이 집단에 참여하는 것을 좋아하지만, 장난감을 나누어 갖거나 사이좋게 주고받는 데는 서툴다. 소중히 여기는 장난감이나 좋아하는 어른의 관심을 공유하지 않으려는 성향이 있으나, 세 살이 되어 가면서 두 명의 아이가 함께 하나의 탑을 쌓는 것과 같은 진정한 의미의 공동 놀이를 하게 된다.

유아 시절에 놀면서 발생하는 충돌로 인해 동정심, 자기 제어, 나누기(양보), 공정함, 자존심 같은 중요한 특성이 자라게 되는데, 이러한 특성은 사회 생활에서 발생하는 여러 가지 상황을 대처하는 데 매우 필요한 여러 기술을 형성하도록 한다. 벤자민 스폭 박사는 저서 『아기와 아이 돌보기(Baby and child care)』에서 "아이들은 놀이를 통해 다른 아이들 및 어른들과 어울리는 법, 양보하는 법, 충돌을 해결하는 법을 배운다"라고 말한다. 이러한 기술은 매우 중요한 것으로, 아이에게 다른 아이들과 놀 수 있는 많은 기회를 제공하여 이를 습득하도록 한다.

마법의 컵

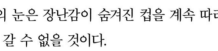

흥 미 로 운 기 억 력 게 임

이 **놀이는 한 단계** 발전한 까꿍놀이로, 같은 원리에 따라 진행한다. 컵들이 이리저리 옮겨지는 동안 아이는 장난감이 어디에 있는지 기억해야 한다. 아이가 보는 앞에서 작은 장난감을 세 컵 중 하나에 숨긴다. 컵들을 이리저리 움직인 뒤 어느 컵에 장난감이 있는지 물어본다.

● 거리에서 이 놀이를 하는 모습을 보았다면 이미 알고 있듯이, 이 놀이는 어른들에게조차 매우 혼란스러울 수 있다. 따라서 컵을 너무 빨리 움직이면 아이의 눈은 장난감이 숨겨진 컵을 계속 따라갈 수 없을 것이다.

발 달 포 인 트

아이가 아직 아기였을 때 당신이 장난감을 숨겨도 아이는 이를 전혀 눈치 채지 못했다. 이제 아이는 숨긴 장난감이 거기 그대로 있음(사물의 영속성)을 알고, 숨겨진 장난감을 찾는 것을 즐긴다. 아이를 하나의 컵에 집중시키고 컵들을 이리저리 움직인 뒤 조금 전 게 어느 것인지 알아맞히게 함으로써 시각을 통한 기억력을 키우게 된다.

✔ **문제 해결**

✔ **시각을 통한 기억**

어떤 컵에 노란 오리가 있을까?
노란 오리를 찾았을 때 환호하는 사람이 있다면
아이는 컵 찾는 놀이를
더욱 즐기게 될 것이다.

131

삐뽀삐뽀

트 럭 과 자 동 차 놀 이

장난감 자동차를 갖고 놀면서
아이는 상상력을 발휘하고, 어른들의
세계에서 가장 흔한 행동인
운전(아이는 운전에 매우 흥미를
갖고 있다!)을 흉내낼 수 있는 기회를
갖게 된다. 또한 밀고 당기는
소근육 운동 능력이 발달되며,
아이는 일상생활에서의 여러 가지
소리를 구별할 수 있게 된다.

창조적인 표현	✔
소근육 운동 능력	✔
상상력	✔
언어 발달	✔

대부분의 두 살짜리 아이들은 유모차에서부터 자동차, 트럭, 길가의 버스, 그리고 그림책에서 보는 기차에 이르는 모든 종류의 탈것에 흥미를 갖는다. 특히 아이들은 기차와 자동차가 터널에 들어가고 다리를 건너는 것을 보며 매우 좋아한다. 아이들에게 장난감 트럭, 자동차, 그리고 터널을 갖고 놀 수 있는 기회를 주어 더 많은 놀라움을 선사하자. 그리고 마침내 어른들의 물건을 다루게 되었다는 느낌을 갖도록 하자.

● 아이가 쉽게 움직일 수 있도록 크고 알록달록한 장난감 자동차를 고른다.

● 바닥에서 트럭을 어떻게 미는지 보여준다. 아이에게 빵빵대는 경적 소리, 쉭쉭거리는 타이어 소리, 부릉부릉 하는 엔진 소리 등 차에서 나는 모든 소리에 대해 말해준다. 아이와 함께 자동차를 타고 갈 때 이 소리들이 들리면 알려준다.

● 큰 종이 상자의 양쪽 끝에 구멍을 내어 터널을 만든 뒤 트럭을 터널 안으로 통과시키는 방법을 가르쳐준다. 트럭의 여러 부분(운전대, 타이어)에 대해 말하고, 어두운 터널 안을 지날 때에 왜 헤드라이트를 켜야 하는지 설명해준다. 그리고 트럭이 터널을 통과하면 차의 어느 부분(앞 혹은 뒤)부터 나오는가를 아는지 확인해 보자.

창조적인 자동차 놀이를 통해
아이의 운동 능력은 더욱 발달할 것이다.

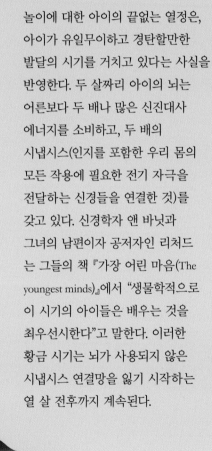

전 문 가 의 도 움 말

놀이에 대한 아이의 끝없는 열정은, 아이가 유일무이하고 경탄할만한 발달의 시기를 거치고 있다는 사실을 반영한다. 두 살짜리 아이의 뇌는 어른보다 두 배나 많은 신진대사 에너지를 소비하고, 두 배의 시냅시스(인지를 포함한 우리 몸의 모든 작용에 필요한 전기 자극을 전달하는 신경들을 연결한 것)를 갖고 있다. 신경학자 앤 바넷과 그녀의 남편이자 공저자인 리처드는 그들의 책 『가장 어린 마음(The youngest minds)』에서 "생물학적으로 이 시기의 아이들은 배우는 것을 최우선시한다"고 말한다. 이러한 황금 시기는 뇌가 사용되지 않은 시냅시스 연결망을 잃기 시작하는 열 살 전후까지 계속된다.

133

소방차 운전하기

'자전거' 노래에 맞추어 부른다.

부르릉 부르릉 비켜나세요
소방차가 나갑니다 부르르르릉
앞동산에 불났어요 비켜나세요
우물쭈물 하다가는 불이 커져요

삐뽀, 삐뽀, 삐뽀, 삐뽀!
(소방차의 경적을 울리는 소리를 크게 낸다)

부르릉 부르릉 비켜나세요
소방차가 나갑니다 부르르르릉
사람들이 살려달라 소리질러요
어서어서 불을 꺼서 구해줘야죠

삐뽀, 삐뽀, 삐뽀, 삐뽀!
(소방차의 경적을 울리는 소리를 크게 낸다)

언어 발달 ✓

역할놀이 ✓

종을 치자! 경보기를 울리자! 빠른 템포의 노래를 부르면서 아이는 가장 크고 멋진 자동차인 소방차를 운전하는 흉내를 내면서 재미있는 역할놀이를 할 수 있다. 아이와 마주 보고 앉거나 아이가 앞을 보고 서게 하여 손동작을 가르쳐준 다음 혼자 하도록 한다. 아이가 소방관 역할을 잘 수행할 수 있게 되면, 튼튼한 종이 상자를 구해 빨간색으로 칠한 소방차를 만든 뒤 당신이 노래를 부르는 동안 아이가 소방차 주위에서 율동을 하도록 한다.

꼬마소방관은 소방차를 운전하고 상상의 호스로 상상의 불을 끄면서 이 놀이가 지금까지 해 본 놀이 중에 가장 재미있다고 생각할 것이다.

생후 24개월 이후부터

가방 속의 보물찾기

가방 속 탐험

가방이나 서류 가방 속의 보물에 대해 끝없는 호기심을 보이는 아이의 모습은 귀엽기만 하다. 하지만 이 일은 신용카드 분실 같은 끔찍한 일로, 심지어는 열린 약통이나 뾰족한 펜으로 인해 위험한 일로 발전할 수 있다. 아이에게 아이만의 가방을 마련해주고 안전하게 그 속을 탐색할 수 있도록 하자. 당신 가방 속에서 볼 수 있는 빗, 열쇠, 거울, 수첩, 지갑 등의 안전한 물건들로 아이의 가방을 채운다. 아이에게 눈으로 보지 않고 가방 속에서 물건을 꺼내거나 ("가방 안에 열쇠가 만져지니?") 아이가 꺼내는 물건들의 이름을 말하도록 한다.

마치 아이는 어른놀이를 하는 것 같다. 엄마의 가방 속에 있는 것과 똑같은 물건들로 채워진 자신만의 가방을 가짐으로써 아이는 여러 가지 물건들을 관찰하고 그들의 쓰임새에 대해 배우게 된다.

발 달 포 인 트

아이가 가방 속에 들어 있는 물건들을 하나씩 꺼낼 때마다 각 물건의 쓰임새를 설명함으로써 ("자동차 열쇠를 찾았구나. 이제 슈퍼마켓에 갈 수 있겠네." 또는 "이걸로 머리 빗을래?") 여러 가지 물건들에 대한 아이의 지식을 키울 수 있다. 가방 안의 물건들을 자주 바꾸면 아이의 판별 능력에 자극을 주게 된다.

✔	개념 발달
✔	언어 발달
✔	청력
✔	촉각을 통한 판별

만지고 말하기

베 갯 잇 안 에 무 엇 이 있 을 까

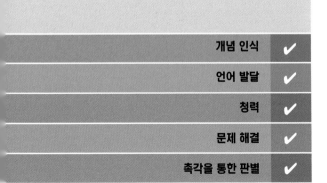

아이는 주변에 있는 물건들에 대해 설명하는 방법을 배움으로써 이들을 관리할 수 있다는 느낌을 가질 수 있다. 이는 언어 능력을 높이는 데 도움이 되기도 한다. 또한 시각을 통한 기억력을 발달시키는 데 촉각 요소를 가미함으로써 아이가 사물을 삼차원으로 이해할 수 있도록 한다.

개념 인식	✔
언어 발달	✔
청력	✔
문제 해결	✔
촉각을 통한 판별	✔

당신의 아이는 이제 모든 것에 관심을 보일 것이다. 아이는 모든 것을 느끼고 맛보고 소리를 듣고 보고 움직여 보려고 할 것이다. 새롭게 변형된 보고 말하는 놀이를 통해 여러 가지 모양과 질감을 연구하고 판별할 수 있도록 하자.

● 장난감 트럭, 공, 인형, 아이가 좋아하는 숟가락과 같이 아이에게 친숙한 물건 한 가지를 베갯잇 또는 얇은 헝겊 가방 안에 넣는다.

● 아이에게 베갯잇 안에 손을 넣은 뒤 (엿보지 말고!) 물건을 만지도록 한다. 아이에게 그 물건이 무엇인지 알아맞히도록 한다. 몇 번을 시도해야 할 수도 있다. 만약 아이가 맞히지 못한다면 좌절하기 전에 그것이 무엇인지 말해 준다.

● 물건을 꺼내어 그 물건의 촉감에 대해 설명한다. 아이에게 딱딱하다/부드럽다, 보풀이 있다/매끄럽다 등의 개념을 알려준다.

● 다른 물건을 넣은 뒤 놀이를 반복한다. 아이가 그 물건이 무엇인지 설명할 때 당신이 알려준 단어들을 사용하도록 유도한다.

● 놀이에 변화를 주기 위해, 아이에게 베갯잇 안에 장난감을 숨기게 한다. 또는 베갯잇 겉을 만져서 그 속에 무엇이 있는지 알아맞히도록 한다.

아이가 이 놀이를 좋아한다면
141쪽 신비의 소리를 보세요.

"어, 내 컵이네!"

손으로 만지고 알아맞히는 놀이를 하면서
아이는 질감에 대한 지식을 배우고,
질감을 표현하는 방법을 배우게 될 것이다.

아이가 도구와 찰흙을 갖고 노는 동안 아이의 창조성이 형태를 갖추는 것을 지켜보자.

전 문 가 의 도 움 말

찰흙을 빚어 모양을 만드는 것은 아이 안에서 막 자라나는 예술가 기질을 격려하는 것 이상의 효과를 발휘한다. 블루밍턴 소재 인디아나 대학교의 심리학자 에스더 텔렌은, 아이는 촉각의 즐거움을 경험 함으로써 "세상이 어떻게 이루어 지는가에 대한 지식과 다양한 재료를 다루는 능력"을 향상시킨다고 말한다. 찰흙 놀이, 모래 놀이, 색칠 놀이, 진흙 놀이의 효과에 대해 확신 하는 사람들 중 한 명인 교육심리학 자 제인 힐리 역시 이러한 놀이를 통해 아이는 촉감을 연마하게 된다고 말한다. 또한 그녀는 다소 까다로운 부모들에게 다음과 같이 조언한다. "만약 청결이 신경 쓰인다면, 아이의 머릿속에서 신경세포가 가지를 치며 발달해 가는 모습을 상상해 보라."

찰흙 놀이

모 양 만 들 고 조 각 하 기

신도 어렸을 때 찰흙으로 이상한 모양들을 만들며 놀았던 즐거운 기억이 있을 것이다. 이제 당신의 두 살배기 아이도 찰흙 놀이에 빠질 때가 되었다. 장난감 가게에서 무독성 찰흙을 구입하거나 집에서 직접 찰흙을 만든다. (오른쪽의 만드는 방법을 참고할 것) 넓은 공간을 확보하고 밀대와 감자 으깨는 도구, 과자 자르는 도구와 같이 안전한 도구 몇 개를 준비한다. 그리고 찰흙 놀이를 시작한다.

● 대부분의 아이들은 말랑말랑한 찰흙으로 추상적인 모양을 만드는 것을 좋아한다. 아이에게 찰흙을 둥글게 굴려 공을 만드는 방법을 알려준 뒤 짓뭉개도록 한다. 찰흙을 길게 밀어서 한 조각씩 떼어낸 후 하나로 뭉쳐 보게도 한다.

● 동그라미, 네모, 세모와 같은 단순한 모양을 합쳐 얼굴이나 모자, 나무 같이 잘 알아볼 수 있는 물건을 만들어 보여준다.

● 몇 개의 밀폐용기를 준비하여 찰흙을 색깔별로 용기에 넣은 뒤 각 뚜껑에 색깔을 쓴다. 아이가 찰흙 놀이를 마치면 해당 용기에 넣도록 한다.

직접 만들어 보세요

밀가루 한 컵, 소금 한 컵, 타르타르 크림 한 숟가락, 물 한 컵, 그리고 식용유 한 숟갈을 잘 섞는다. 냄비에 이것을 넣고 끓인다. 찰흙이 식으면 식용색소 다섯 방울을 넣고 부드러워질 때까지 반죽한다.

발 달 포 인 트

찰흙 놀이를 통해 아이는 모양과 질감을 삼차원으로 경험할 수 있게 된다. 게다가 찰흙을 손으로 다루는 것은 감각을 자극하고 소근육 운동 능력을 키워준다. 아이에게 기본적인 색깔과 모양, 질감과 관련된 단어들을 알려주어 아이의 어휘력을 강화하자.

✔	원인과 결과
✔	창조적인 표현
✔	소근육 운동 능력
✔	언어 발달
✔	감각의 발견

아이가 이 놀이를 좋아한다면
68쪽 모래 놀이를 보세요.

어떤 신발이 맞을까?

여 러 가 지 크 기 의 신 발 분 류 하 기

발 달 포 인 트

간단한 정리하기 놀이는 아이에게 기초적인 분류 능력을 배우게 하고 크기와 재료에 대해 눈뜨게 한다. 놀이를 하며 아이와 함께 이야기하면 아이의 어휘력은 향상된다. 다양한 신발의 용도를 알아맞히게 하여 아이의 문제 해결 능력의 발달을 돕는다.

분류 능력	✔
언어 발달	✔

대다수의 분류 놀이들은 아이들이 하기에 너무 어렵지만, 대부분의 두 살에서 두 살 반의 아이들은 아주 단순한 분류 놀이를 좋아한다. 특히 엄마나 아빠의 신발이 그 대상이 된다면 말이다. 어른용 부츠, 아기 신발, 실내용 슬리퍼처럼 눈에 띄게 차이가 나는 크기와 모습의 신발들을 준비한다. 탁자 위에 신발 두세 쌍을 뒤섞어 놓는다. 아이에게 어떤 신발들이 한 쌍을 이루는지 물어본다. 아이가 신발들의 짝을 맞추면, 신발은 어떤 모양인지, 누구에게 맞는지, 그리고 무슨 일을 할 때 신는지에 대해 이야기를 나눈다.

어떤 신발들이 한 쌍을 이룰까?
아이들은 분류 놀이를 통해 신발의
짝을 맞출 수 있다.

아이가 이 놀이를 좋아한다면
166쪽 자동차 놀이를 보세요. ▶

신비의 소리

숨 은 소 리 찾 기

저소리는 무엇일까? 어디에서 나는 소리일까? 청력을 이용한 숨바꼭질 놀이를 하면서 당신이 꼬마탐정에게 해야 할 질문들이다. 오랫동안 음악이 나오는 장난감이나 오르골, 시계, 메트로놈 등 소리가 나는 물건들을 준비한 뒤 낮은 선반이나 탁자 위 혹은 수납장 문 뒤에 숨긴다. 아이와 함께 어디에서 소리가 나는지 알아내고 물건을 찾는다. 소리나는 곳을 찾으러 다니면서 어떤 장난감이 소리를 내는지 알아맞히도록 한다.

발 달 포 인 트

어린 아이들은 알아맞히기 놀이를 좋아하며, 이는 청력 발달에 도움이 된다. 어떤 소리를 듣고 물건을 찾는 것은, 예측을 통한 해답 찾는 요령을 알려준다. 또한 많은 생각을 하여 결과를 얻는 것은 배우는 과정의 하나인 사고 능력을 키워준다.

귀를 이용하여 소리나는 곳을 찾는 것은 꼬마탐정이 가장 좋아하는 놀이가 될 수도 있다.

✔ **청력**

✔ **문제 해결**

아이가 이 놀이를 좋아한다면
169쪽 확성기 놀이를 보세요 ▶

인형 놀이

발 달 포 인 트

아이들은 부모들의 행동을 보면서
타인(사람이든 동물이든)에게
친절히 대해야 한다는 것을 배운다.
아이와 함께 인형 놀이를 하면서
적절한 말과 행동의 예를 보여줄 수
있을 것이다. 또한 아이에게 막
생겨나기 시작한 상냥함과 애정이라는
감정에 대한 자신감을 갖도록 하는
기회가 될 것이다.

창조적인 표현	✔
소근육 운동 능력	✔
상상력	✔
청력	✔
사회성	✔

 형이나 장난감을 상냥하게 대하는 아이의 모습은 정말 감동적이다. 그러나 상대가 동물이나 친구일 경우, 아이의 상냥함은 다소 거칠게 표현될 수도 있다. 가상의 친구들과 놀면서 타인을 보살피는 법을 배울 수 있도록 하자.

● 아이가 가장 좋아하는 인형이나 동물 인형을 잡도록 한다. 인형의 머리를 천천히 빗기거나 양팔에 안게 한다. 또는 털북숭이 인형을 이용하여 동물을 쓰다듬는 법을 알려준다.

● 아이에게 인형이나 곰인형이 춥다고 말한 뒤, 인형에게 양말과 신발을 신기고 따뜻한 옷을 입히거나(똑딱단추나 일반 단추를 채울 때 도움이 필요할 수 있다) 담요를 덮어주어 인형을 돌보도록 한다.

● 인형은 하루 종일 아무것도 먹지 않아 배가 고플 테니 음식을 주라고 한다. 인형에게 음식을 먹이는 흉내를 내게 하거나 청소하기 쉬운 시리얼이나 과자를 준다.

● 당신이 아이가 좋아하는 자장가 한 곡을 부르는 동안, 아이에게 인형을 재운 뒤 침대에 천천히 눕히라고 한다.

◀ 아이가 이 놀이를 좋아한다면
126쪽 아이의 목욕 시간을 보세요.

전 문 가 의 도 움 말

아이들이 말을 배울 때 복잡하고
다양한 페런티즈(parentese:부모가 아
이들에게 말하는 특유의 방식)를 선
호한다. 저음과 고음의 변화,
느리고 빠른 소리의 속도, 리듬감
있는 목소리는 아기의 뇌에서 음소를
인식하게 하는 신경을 자극해준다.
부모가 명확한 발음으로 또박또박
천천히 말을 해주면 아이는 언어의
기초를 튼튼히 다질 수 있다.
아이가 사물의 명칭을 부정확하게
발음하면 엄마가 정확한 발음으로
반복하여 교정해준다. 이때
마주 보고 입모양을 볼 수 있게
또렷이 이야기한다. 또한 완전한
문장으로 이야기한다.

아이에게 인형 돌보는 방법을
보여줌으로써 다른 사람들을 돌보는 것의
중요성을 일깨워준다.

색깔 공

분 류 하 고 돌 리 고 세 는 놀 이

발 달 포 인 트

색깔 공놀이를 통해 아이는 여러 가지 색깔과 크기에 따라 사물들을 분류하는 능력을 키운다. 또한 크다/더 크다/가장 크다와 같은 비교의 표현을 배우는 기회가 된다.

아 이들은 밝은 색깔과 빙빙 도는 움직임을 좋아하기 때문에 밧줄에 걸린 색색의 공들은 아이들의 시선을 사로잡기에 충분하다. 하지만 이 놀이는 즐거움 이외에 아주 중요한 개념을 아이에게 가르쳐줄 것이다. 우선 가는 밧줄에 구멍이 뚫린 색색의 공들(장난감 가게에서 쉽게 구할 수 있다)을 꿰고, 밧줄의 양끝을 두 의자에 묶는다. 아이에게 공을 돌리고 밧줄 한 쪽에서 다른 쪽으로 움직이는 방법을 보여준다. 아이에게 특정 색의 공 또는 큰 공들만 돌려보라고 말한다.

분류 능력	✔
개념 인식	✔
협응력	✔
언어 발달	✔

예쁜 색깔의 공들을 빨리 돌리는 것은 재미있는 일이다. 이 놀이를 통해 아이는 파랑과 빨강, 큰 것과 작은 것, 많은 것과 적은 것을 판별하는 것을 배우게 된다.

물 속의 과녁 맞히기

물 속으로 공 던지기

물

과 공, 던지기, 물 튀기기 등 이 놀이의 구성 요소는 엄마과 아이를 흠뻑 젖게 만들겠지만, 아이는 이 놀이를 매우 좋아할 것이다. 두세 개의 큰 플라스틱 대야를 준비하여 물을 반쯤 채운다. 가능하면 물에 뜨는 작은 공(플라스틱 공이나 테니스 공)을 준비한다. 아이에게 대야 안으로 공을 던지도록 한다. 각 대야에 아이가 몇 개의 공을 넣는지 세고, 아이가 공을 던질 때마다 (대야에 넣지 못하더라도) 박수를 친다. 아이가 이 놀이에 익숙해지면 물이 담긴 대야에서 점점 멀리 떨어져 서 있게 한 뒤 놀이를 진행한다.

발 달 포 인 트

이 물놀이는 아이의 눈과 손의 협응력과 전신 운동 능력을 키우는 데 도움이 된다. 또한 아이에게 숫자 세는 법을 재미있게 가르칠 수 있다. ("공이 한 개, 공이 두 개, 이제 공 세 개가 물속에 있네!")

✔	**협응력**
✔	**셈하기 개념**
✔	**눈과 손의 협응력**
✔	**전신 운동 능력**

꼬마투수가 공을 대야 안에 넣으면 물이 크게 튈 것이다. 아이는 물이 담긴 대야에 공을 던짐으로써 신체의 협응력을 조정하는 능력을 조금씩 키운다.

아이가 이 놀이를 좋아한다면 152쪽 위로, 위로!를 보세요 ▶

145

초보 화가

발 달 포 인 트

30개월이 되면, 색연필 낙서든 물감으로 뒤덮인 그림이든 아이는 자신이 무엇인가를 창조해 낼 수 있음을 깨닫기 시작한다. 아이가 그리고 싶은 대로 마음껏 그리게 함으로써 시각적으로 자신을 표현하는 것에 대해 확신을 가질 수 있도록 한다. 일상생활에서 사용하는 물건을 그림 도구로 활용하면 아이의 창조력은 물론 소근육 운동 능력과 눈과 손의 협응력을 기른다.

창조적인 표현	✔
눈과 손의 협응력	✔
소근육 운동 능력	✔
촉각 자극	✔

아이는 실물이나 풍경을 그리기엔 아직 어리다. 아이가 그리는 그림의 대부분은 무엇인지 알아볼 수 없지만, 아이가 지닌 예술가적 재능은 이제 막 솟아나려고 한다. 아이에게 그림물감과 자신이 직접 사용할 수 있는 화구를 마련해 주어 이러한 예술적 감각을 표현해 보도록 하자.

● 작은 접시나 그릇 안에 여러 가지 색깔의 무독성 물감을 담는다. 미술용 붓, 설거지용 수세미, 여러 가지 모양으로 자른 스펀지 등 다양한 화구를 준비한다.

● 아이에게 어떻게 화구에 물감을 묻혀 종이 위에 그리는지 보여준다. 그런 후 아이가 다양한 색깔과 모양을 실험할 수 있도록 한다. 한 가지 기억할 것은 이 또래의 아이들에게 맞고 틀리고는 없다는 점이다. 따라서 당신이 원하는 것이 아닌, 아이가 원하는 것을 그리게 한다.

● 만약 아이가 당신의 도움을 필요로 하면 동그라미, 정사각형, 직사각형 등의 큰 모양을 그려주고 아이가 색칠하도록 한다. 아이가 모양에 맞추어 색칠할 것이라고는 기대하지 말라.

● 집 안이 엉망이 될 것을 걱정해 아이의 즐거움을 멈추는 일이 없도록 한다. 부엌 바닥이나 탁자같이 청소하기 쉬운 바닥에 큰 종이를 붙여서 놀게 한 뒤, 꼬마피카소가 놀이를 마치면 번쩍 들어올려 욕실로 데려간다.

아이가 이 놀이를 좋아한다면
160쪽 색색가지 콜라주를 보세요. ▶

생후 30개월
2 1/2
이후부터

"아빠, 불자동차 좀 보세요!
아이의 창조력을 키우는 것은 종이에 그림을 그리
게 하는 것만큼이나 간단한 일이다.

"곰인형을 찾았어요!"

어둠을 비출 손전등이 있다면
보물찾기 놀이는 더욱 즐거워진다.

148

손전등 놀이

어 둠 속 에 숨 겨 진 장 난 감 찾 기

대부분의 아이들은 손전등으로 여기저기 비추는 것을 즐거워한다. 손전등은 아이들이 어둠을 지배할 수 있도록 하고, 아이들을 둘러싼 모든 것의 모습을 바꾸어 버린다.

● 저녁에 인형, 책 등 아이가 좋아하는 물건 중 한 가지를 숨겨서 놀이를 시작한다. 아이가 숨겨진 보물을 찾는 데 어려움을 느끼지 않도록 숨기는 장소는 방 한두 개로 한정한다.

● 아이에게 무엇을 찾아야 하는지 말한 뒤 불을 끄고 가벼운 손전등을 준다. 아이가 손전등 사용법을 모른다면 가르쳐준다. 당신도 손전등을 들고 있도록 한다.

● 필요할 경우 아이에게 몇 개의 힌트를 주어 놀이에 생기와 즐거움을 부여한다. ("점점 더워지네, 덥다, 더워! 이런! 이제 추워지네!") 만약 아이가 어려워하면 당신이 지닌 손전등으로 숨겨진 장소로 가는 길을 안내한다.

● 손전등 놀이는 여러 가지 물건을 동시에 숨길 수 있고 (몇 개는 찾기 어려운 곳에 숨긴다) 아이들이 서로에게 불빛을 비추는 멋진 광경을 볼 수 있기 때문에 형제, 자매 또는 친구들과 함께 즐길 수 있는 이상적인 놀이이다.

발 달 포 인 트

숨겨진 물건을 찾는 일은 아이에게 집중력을 요구한다. 먼저 아이는 숨겨진 물건에 대한 설명을 들어야 하며, 여기에는 이해력을 필요로 한다. 그리고 자신의 눈에 바로 보이지 않는 장소들에 대해 생각해야 한다. 이는 일종의 추상적인 사고로 어린아이에게는 커다란 발전이다. 밤에 놀이를 하면 아이들이 흔히 지닌 어둠에 대한 두려움과 부정적인 생각을 완화할 수 있다.

✔ **청력**

✔ **문제 해결**

✔ **사회성**

✔ **시각을 통한 기억**

아이가 이 놀이를 좋아한다면
135쪽 가방 속의 보물찾기를 보세요.

149

선천적인가, 환경에 의해 결정되는 것인가

사람의 능력과 결점과 개성은 선천적인 것일까? 아니면 신경 세포에 영향을 줄 환경을 기다리기 위해 백지 상태로 태어나는 것일까? 뇌 연구가 발전하면서 과학자들은 '사람은 선천적으로 태어나는 것인가, 환경에 의해 만들어지는 것인가'라는 오래된 문제를 해결하기에 이르렀다. 결과는? 무승부이다.

지난 몇십 년간 수많은 행동 연구 논문들은 과격함, 부끄러움, 두려움, 위험을 감수하고자 하는 의지 등의 몇몇 성격은 유전에 의해 결정된다고 주장했다. 선척적 이론이 논쟁의 승자로 판정되려는 순간, 신경학자들은 태어날 당시의 인간의 뇌는 미완성 상태이며, 환경 요인이 한 사람의 성격에 얼마나 막강한 영향을 미치는지 (몇몇 경우에는 뇌의 모양까지 바꾸기도 한다) 증명했다. 1990년대의 과학자들은, 사람들은 특정 성향과 능력을 갖고 태어나는 반면 아주 어렸을 때에 무엇에 노출되느냐에 따라 특정

성향과 능력이 나타난다고 결론지으면서 양편의 의견을 조율했다. 신경학자인 앤 배닛은 자신의 책 『유아기의 기적(The youngest minds)』에서 "유전 인자와 환경의 상대적인 영향력에 대해 행동 유전학자들이 최근에 제시한 수치는 약 50 대 50"이라고 말한다.

이러한 결과는 부모들에게 중요한 암시를 준다. 어떤 특정 행동에 대한 성향을 타고난 아이라면 부모는 아이가 이런 성향을 극복하도록 도울 수 있다는 것이다. 예를 들어 아이가 수줍음을 많이 탄다면 적극적인 아이가 되도록 돕거나, 아이가 위험을 무릅쓰는 성격이라면 조금씩 자기 억제를 하도록 도울 수 있다는 것이다. 바꾸어 말하면, 아이가 음악이나 미술에 대한 뛰어난 재능을 타고 태어났다 할지라도 이를 발휘할 수 있는 기회가 주어지지 않는다면 아이의 재능은 사장될 수 있음을 뜻한다.

홉홉홉 뛰어라

박 자 에 맞 추 어 몸 을 흔 들 기

리 듬과 움직임이 큰 즐거운 노래에 맞추어 아이가 웃고 몸을 흔들도록 하자. 아이를 당신과 마주 보도록 무릎 위에 앉힌 뒤 단어들을 말하면서 발로 박자를 맞춘다. '모두 다 뛰놀자'를 부르며 아이를 당신의 머리 높이까지 들어올렸다가 '훨훨훨 날아라'를 부를 땐 하늘 높이 들어올려 흔들어준다(강하게 흔드는 것은 위험하다). 2절을 부를 땐 아이의 이름을 불러주어 노래와 일체감을 느끼게 해준다. 짝짝짝, 쿵쿵쿵, 싱싱싱 등 직접 가사를 만들어 노래를 부른다. 아이가 혼자 힘으로 계속 서 있을 수 있다면 당신이 노래 부르고 손뼉 치는 동안 직접 뛰어오르고 몸을 흔들게 한다.

안전한 엄마의 양팔 안에서 아이는 노래 가사에 따라 몸을 위아래로 움직이며 소리를 지르고 웃을 것이다.

모 두 다 뛰 놀 자

모두 다 홉홉홉 뛰어라
모두 다 훨훨훨 날아라
모두 다 동동동 굴러라
모두 다 빙빙빙 돌아라
우 우 와와와와 와
우 우 와와와와 와

○○○ 홉홉홉 뛰어라
○○○ 훨훨훨 날아라
○○○ 동동동 굴러라
○○○ 빙빙빙 돌아라
우 우 와와와와 와
우 우 와와와와 와

✔ **청력**

✔ **리듬의 발견**

아이가 이 놀이를 좋아한다면
156쪽 곰인형 노래를 보세요.

위로, 위로!

공 과 낙 하 산 으 로 하 는 놀 이

발 달 포 인 트

이 놀이는 아이의 협응력과 시각적 능력을 요구한다. 위를 향해 똑바로 공을 던지기 위해 아이는 당신과 함께 보자기를 들어올려야 한다. 그리고 공을 받기 위해 아래로 떨어지는 공에 시선을 집중시켜야 한다. 이 놀이는 계획과 파트너와의 협동심을 필요로 한다. 또한 공을 잡기 전에 몇 번의 연습이 필요할 수도 있다.

여름이든 겨울이든, 실내든 실외든, 아이들이 있는 곳이라면 어디에서든지 비치볼(또는 아주 가벼운 공)은 많은 즐거움을 준다. 아이와 함께 얇은 담요나 큰 보자기의 양끝을 잡는다. 비치볼을 보자기 한가운데에 두고 위로 던졌다가 공이 아래로 떨어질 때 보자기로 받는다. 처음엔 공이 너무 높이 올라가지 않도록 가볍게 던진다. 아이의 협응력이 향상되면 공을 좀더 높이 올린다.

튀어오르는 공을 따라가면서 근육 운동과 동작을 조화시키는 능력을 키운다.

원인과 결과	✔
눈과 손의 협응력	✔
눈과 발의 협응력	✔

◀ 아이가 이 놀이를 좋아한다면 105쪽 비치볼 잡기를 보세요

152

생후 30개월
2½
이후부터

종이 퍼즐

큰 조각들 모으기

아이가 즐겁게 나무 퍼즐 놀이와 모양 고르기 놀이를 할 수 있다면, 간단하고 재미있는 퍼즐을 만들어 공간 내에서의 모양을 이해하고 구성하는 능력을 길러줘야 하는 최고의 시기일 것이다. 동물, 트럭, 아기, 아이가 가장 좋아하는 음식 등 아이가 좋아할 만한 다양한 색깔의 사진을 준비한다. (잡지에는 큰 사진들이 많이 있다) 그리고 이 사진을 A4 용지나 판지에 붙인다. 그림을 네 개의 큰 조각으로 자른다. 이제 아이에게 네 개의 조각을 한데 모아 원래 그림대로 맞춰 보게 한다. 아이가 퍼즐 맞추는 방법을 알게 되면 그림을 좀더 작은 조각으로 잘라 좀더 어려운 퍼즐 놀이를 하게 한다.

아이는 네 개의 조각을 맞추면
한 마리의 나비가 되는 것에 즐거워할 것이다.

발 달 포 인 트

이 놀이는 공간 개념에 대한 아이의 이해력을 훈련시킨다. 또한 아이는 좋아하는 그림을 창조(혹은 재창조) 함으로써 (이는 시각에 의한 기억력을 시험하는 것이기도 하다) 더 어려운 퍼즐을 할 수 있다는 자신감을 갖게 될 것이다.

✔	**개념 발달**
✔	**문제 해결**
✔	**크기와 모양을 통한 판별**
✔	**시각을 통한 판별**
✔	**시각을 통한 기억**

무슨 냄새일까요?

냄 새 의 탐 색

발 달 포 인 트

다양한 후각 세계를 탐색할 수 있는 놀이이다. 아이에게 냄새의 영역을 소개함으로써 아이는 주변의 많은 냄새들에 대해 좀더 알게 될 것이다. 다양한 냄새를 표현하는 단어들과 어떤 것에서 무슨 냄새가 나는지 알려줌으로써 아이의 어휘력을 키운다.

언어 발달	✔
문제 해결	✔
감각의 발견	✔
시각을 통한 기억	✔

 자를 먹으며 웃고, 브로콜리를 보고는 작은 입술을 실룩거리는 아이를 보면서 아이에게도 미각 판별력이 있음을 알게 된다. 하지만 아이의 후각은 어떨까?

간단한 냄새 맡기 놀이로 냄새와 음식을 연결시키는 법을 가르쳐 보자.

● 초콜렛 쿠키, 오렌지, 양파처럼 아이가 이미 알고 있는 강한 향의 음식을 모은다.

● 손수건이나 스카프로 아이의 눈을 가린다. 당신 손으로 아이의 눈을 가려도 된다. 음식의 냄새를 맡게 한 뒤 무엇의 냄새인지 알아맞히도록 한다. 아이가 답한 뒤 음식을 맛보게 하여 냄새와 맛을 연결짓도록 한다.

● 아이가 이 놀이에 익숙해지면, 미묘한 향을 가진 음식들을 준비한다. 아이가 복숭아와 사과를, 과자와 케이크를, 또는 레몬과 오렌지를 냄새로 구분할 수 있는지 살펴보자.

● 이 놀이는 야외에서도 할 수 있다. 꽃, 솔잎, 축축한 진흙 및 풀냄새를 이용하여 아이의 후각 기억력을 시험해 보자.

● 빵집에서 나는 갓 구운 빵냄새, 음식점에서 나는 숯불에 구운 통닭냄새, 또는 가판대에서 파는 여름 과일의 향기 등 주변에서 접할 수 있는 냄새를 판별해 보도록 한다.

◀ *아이가 이 놀이를 좋아한다면*
136쪽 만지고 말하기를 보세요.

" 지금 냄새 맡는 것은 무엇일까?"

휴! 생양파의 톡 쏘는 냄새는 알아맞히기 쉽다. 그런데 오렌지 조각의 냄새는 어떨까?

곰인형 노래

아이들은 곰인형을 좋아한다. 곰인형 노래의 리듬, 그리고 노래를 반복해 부르는 것은 아이들에게 무한한 기쁨을 선사한다. 아이를 무릎 위에 앉힌 뒤 리듬에 맞추어 아이를 들어올렸다 내렸다 한다. 아이에게 노래를 따라 부르게 하거나, 곰인형과 함께 노래에 맞는 동작을 해 보게 한다.

곰 세 마 리

곰 세 마리 한집에 있어

아빠곰 엄마곰 아기곰

아빠곰은 뚱뚱해 엄마곰은 날씬해

아기곰은 너무 귀여워

히쭉히쭉 잘한다

예 쁜 아 기 곰

동그란 눈에 까만 작은 코

하얀 털옷을 입은 예쁜 아기곰

언제나 너를 바라보면서

작은 소망 얘기하지

너의 곁에 있으면 나는 행복해

어떤 비밀이라도 말할 수 있어

까만 작은 코에 입을 맞추면

수줍어 얼굴을 붉히는 예쁜 아기곰

곰 을 잡 으 러 갑 시 다

곰을 잡으러 갑시다
(양 손을 원을 그리며 앞으로 나아간다)

숲 속으로 갑시다
(양 손을 저으며 헤쳐 나간다)

헤엄쳐서 갑시다
(헤엄치는 동작을 한다)

나무 위로 올라가
(나무를 껴안고 올라가는 동작을 한다)

이리저리 살피고
(한 손은 눈 위에 한 손은 허리에 놓는다)

다시 다시 내려와
(나무를 껴안고 내려오는 동작을 한다)

성큼성큼 걸어서 엉금엉금 기어서
(양 손바닥으로 걷는다)

살금살금 뒤로 가
(양 손을 폈다 오므렸다 하며 다가간다)

잡을까 말까 잡을까 말까
(양 팔을 앞으로 내었다 뒤로 잡아당긴다)

꼬리를 잡아라
(아이의 엉덩이를 큰 동작으로 잡아당긴다)

곰

뚱뚱한 곰 한 마리 뚱뚱한 곰 한 마리

굴 속에서 잠을 자고 있네요 쿨쿨

잠꼬대도 하네요 중얼중얼

눈을 뜨고 일어나 눈을 뜨고 일어나

모두 잡아 먹는다 어흥

아빠의 무릎은 곰인형 노래를 부르는 가장 좋은 장소로, 아이는 노래를 부르면서 언어 능력과 듣기 능력을 키울 수 있다.

목표물 맞히기

과 녁 위 로 뛰 어 내 리 기

발 달 포 인 트

뛰어내리는 동작은 몸 양쪽의 근육을 운동시켜 협응력을 향상시킨다. 이 놀이는 몸의 한쪽만 이용하는 공굴리기 놀이와는 상반되는 성격을 지닌다. 또한 뛰어내리기는 개월 수가 좀 지난 아이들의 눈과 발의 협응력과 균형 감각을 향상시킨다. 아이는 목표물 위에 착지 후 똑바로 서 있어야 한다.

균형 감각	✔
눈과 발의 협응력	✔
전신 운동 능력	✔
공간 인지	✔

 어내리는 것은 아이에게 큰 성취감을 주는 행동으로, 협응력, 힘, 그리고 약간의 용기를 필요로 한다. 또한 재미있는 놀이이기도 하다. 커다란 빗물통에 뛰어든 직후 즐거워하는 아이의 얼굴을 보아라. 튼튼한 등받이 없는 의자, 블록 또는 안전한 도약대 위에서 목표물을 향해 뛰어내리는 연습을 함으로써 아이는 자신감을 북돋을 수 있게 된다. (아이가 부드럽거나 푹신푹신한 바닥에 착지하도록 한다.)

● 도화지나 색지에 과녁을 그리고, 튼튼한 포장용 테이프로 바닥에 고정시켜 아이가 뛰어내릴 때 미끄러지지 않도록 한다. 아이에게 과녁 바로 위로 뛰어내리라고 말한다. 이를 위해 연습이 필요할 것이다. 아이가 뛰어내릴 때마다 칭찬을 한다.

● 아이가 이 놀이에 능숙해지면, 과녁을 더 작게 만들거나 조금 더 높은 (하지만 안전한) 곳에서 뛰어내리도록 한다.

● 일부 아이들은 뛰어내리는 것을 두려워 할 수도 있다. 아이에게 뛰어내리는 방법을 보여주어 두려움을 덜어주거나 아이가 뛰어내릴 때 손을 잡아 준다. 아이가 뛰어내리는 것에 자신감을 갖게 되면 과녁을 향해 계속해서 뛰어내리려고 할 것이다.

아이가 이 놀이를 좋아한다면
163쪽 제자리 돌기를 보세요 ▶

준비, 시작! 공중에서
목표물을 향해 뛰어내리는 놀이는
튼튼한 근육과 눈과 발의 협응력을
발달시키는 출발점이다.

전 문 가 의 도 움 말

아이들은 콜라주 맞추기를 통해
성장에서 중요한 역할을 하는 창조적
자극을 제공받는다. 텍사스 주 소재
휴스턴의 베일러 의과대학의 연구자
들은, 장난감과 놀이 친구(양육자
포함)를 빼앗긴 아이들은 보통
아이들보다 20~30% 작은 뇌를
갖고 있음을 발견했다. 아이에게
적절한 자극을 주기 위해 부모는
여러 가지 최신 기구나 비싼 장난감
을 쌓아놓지 않아도 된다. 앨라배마
대학교가 시행한 연구 결과,
미술 도구, 블록, 퍼즐 같은
기본적인 장난감들은 아이들의
인지 능력 및 육체 성장을
촉진시키는 가장 좋은 도구인
것으로 밝혀졌다.

160

색색가지 콜라주

재 미 있 는 그 림

당신의 아이가 아무리 어릴지라도 뚜렷한 기호를 갖고 있다. 예를 들어 아이는 음악, 동물 또는 원예나 요리 등의 직업을 좋아할지도 모른다. 여러 가지 그림으로 이루어진 재미있는 콜라주를 아이가 직접 만들게 하여 아이의 관심사를 마음껏 즐길 수 있도록 하자.

● 잡지, 신문, 광고 우편물 등에서 아이가 현재 좋아하는 것들의 사진을 오려 모은 뒤 바구니나 그릇에 넣는다.

● 아이에게 사진들을 살펴보게 한 뒤, 아이가 사진을 들어올릴 때마다 그에 관한 이야기를 한다. 아이에게 눈에 보이는 물건들(바이올린, 고래, 꽃, 자동차 등)의 이름을 말하게 한다.

● 아이에게 가장 좋아하는 사진을 집도록 한다. 그리고 그것을 도화지같이 크고 두꺼운 종이 위에 올려놓는다.

● 유아용 풀(무독성)로 사진 뒤에 풀칠을 한 뒤, 사진을 도화지에 붙여 콜라주를 만드는 방법을 알려준다.

● 콜라주를 완성하면 아이의 방이나 냉장고 또는 복도 등 잘 보이는 곳에 걸어둔다. 아이의 창작품은 눈에 보여야 한다. 숨겨지는 것이 아니다.

발 달 포 인 트

콜라주를 만들 그림을 직접 선택함으로써 아이는 자신의 취향을 표현할 수 있는 기회를 갖게 된다. 아이가 선택한 그림에 대해 이야기를 하면서 아이의 어휘력을 늘릴 수 있다. 또한 풀과 끈끈한 종이 조각을 다루면서 아이의 소근육 운동 능력은 향상된다.

✔ **창조적인 표현**

✔ **소근육 운동**

✔ **언어 발달**

✔ **시각을 통한 판별**

"**나는 고래가 좋아요.** 바다에 사니까요."
아이의 성격과 취향을 반영하는 작품을 만들며 아이에 대해 더 많은 것을 배워보자.

아이가 이 놀이를 좋아한다면 153쪽 종이 퍼즐을 보세요.

예쁜 상자

발 달 포 인 트

이 놀이는 평면의 종이 위에 자신을 표현하게 함으로써 아이의 창조적인 정신을 키워준다. 그림그리기, 색칠하기, 콜라주를 결합한 이 놀이를 통해 아이는 몇 가지의 예술 도구를 접하게 된다. 이 놀이는 소근육 운동 능력을 발달시키고, 상자를 장식하면서 아이와 함께 이야기를 나눔으로써 의사소통 능력을 발달시킨다.

창조적인 표현	✔
소근육 운동	✔
사회성	✔

아이가 소중히 여기는 장난감을 담는 상자를 직접 장식하게 하여, 아이의 타고난 (비록 기초 수준이기는 하나) 예술적 재능에 새로운 길을 열어주자. 일반 상자 혹은 색상자를 이용한다. 인쇄된 종이 상자에 흰 종이를 붙여도 된다. 아이에게 무독성 수성 펜을 주고 상자에 선과 동그라미를 그리게 한다. 아이가 상자에 반짝이, 리본 종이조각 등을 붙이는 것을 도와준다. 처음에는 바다를 주제로 하여 파도, 물고기, 배, 비치볼 등의 스티커로 상자를 꾸미게 한다. 아이가 장식을 마치면 특별한 상자 위에 아이의 이름을 쓴다.

아이에게 **색연필과 스티커**를 주고 마음껏 그리도록 하자. 그리고 자신만의 보물 상자를 만들어내는 것을 지켜보자.

아이가 이 놀이를 좋아한다면 146쪽 초보 화가를 보세요.

제자리 돌기

노 래 부 르 며 제 자 리 돌 기

율동 노래를 부름으로써 노래부르기와 활기찬 율동은 재미있는 방식으로 결합된다. 가사에 따라 몸동작을 하고, "위로 멀리!"라고 외치면서 팔짝 뛰는 것과 같이 노래를 부르면서 몸동작을 과장해 보자. 아이는 당신을 따라하며 즐거워할 것이다. 이와 동시에 아이는 신체 제어 능력과 전신 운동 능력을 발달시킬 것이다. 또한 가사에 따라 몸동작을 함으로써 위/아래, 높다/낮다에 대해 보다 잘 이해하게 될 것이다.

음악에 맞추어 움직이면, 몸에 대한 자신감이 급속도로 자라게 될 것이다.

깡 깡 총 체 조

손을 높이 손을 높이
쭉쭉쭉 쭉쭉 뻗어봐요
발을 쿵쿵 발을 쿵쿵
쿵쿵쿵 쿵쿵 굴러봐요
엉덩이를 실룩샐룩
이쪽저쪽 실룩샐룩
빙글뱅글 빙글뱅글
깡깡총 깡충깡충
깡깡총

가사에 따라 몸동작을 한다.

아이가 모든 몸동작을 이해할 때까지 천천히 한다.

✔	**균형 감각**
✔	**협응력**
✔	**전신 운동 능력**

아이가 이 놀이를 좋아한다면
112쪽 머리에서 발끝까지를 보세요.

미니 마임

티 파 티 놀 이

발 달 포 인 트

아이들은 어른을 돕고 어른들의 행동을 따라하는 것을 좋아한다. 마임 놀이를 통해 아이는 어른과 어른들의 생활이라는 완벽한 상상의 세계를 탐색하게 될 것이다. 아이는 가상의 공동놀이에 참여함으로써 나누기, 주기, 감사해하기 같은 사회성의 기술을 배우게 될 것이다.

신체 인지	✔
창조적인 표현	✔
창조적인 동작	✔
상상력	✔
사회성	✔

당신의 아이는 당신이 하는 모든 것을 따라하려고 할 것이다. 이제 아이와 함께 어른들이 하는 모든 재미있는 행동을 흉내내 보자.

● 다기 없이 티 파티를 한다고 상상하자. 찻잔에 차를 따르고 과자 접시를 내오고, 먹고 마시자. "~를 주세요" "감사합니다" "음, 맛있네요" 등을 반드시 말하자. 이를 통해 아이는 예절을 익히고, 파티는 생기가 넘친다.

● 그릇이나 재료 없이 함께 케이크를 구워보도록 하자. 상상의 달걀을 깨뜨리고, 밀가루를 섞은 뒤 팬에 반죽을 담는다. 다 마치고 난 뒤에는 손에 묻은 밀가루를 털어내는 것을 잊지 말자. 그리고 맛있는 케이크 한 조각을 먹자.

● 이외에 비행기 타기, 집안 청소하기, 말타기 등을 해 볼 수 있다.

"차가 맛있네요!"

상상의 차에 불과하지만, 티 파티 놀이를 통해 아이의 상상력을
키워주고 "네, 차를 좀더 주세요",
"감사합니다" 같은 말하는 법을 익히게 된다.

생후 30개월
이후부터

자동차 놀이

색 깔 맞 히 기 놀 이

발 달 포 인 트

아이는 색깔을 알아맞히면서 서로 다른 사물들을 비교하고 대조하는 훈련을 한다. 또한 같은 성질을 지닌 (여기에서는 같은 색) 두 개의 전혀 다른 물건들을 연결시킴으로써 즐거움을 느끼게 된다. 아이가 자동차의 색깔과 일치하는 색종이 위에 자동차를 올려놓으면 큰소리로 색깔을 반복해 말하여 아이의 어휘력을 보강한다.

분류 능력	✔
개념 발달	✔
문제 해결	✔
시각을 통한 판별	✔

아이가 이 놀이를 좋아한다면
175쪽 모양 골라내기를 보세요.

대부분의 두 살배기들은 색깔을 좋아하고, 또 색깔들을 확인하려고 한다. 이 놀이는 색깔에 대한 아이의 관심을 이용하여 색깔을 인식하는 능력을 키운다. 장난감 자동차와 색깔이 같은 종이를 준비한다. 색지들을 바닥에 내려놓으며 색깔 이름을 말한다. 색지 위에 같은 색깔의 장난감 자동차를 올려놓는다. 예를 들어 빨간 차는 빨간 종이 위에, 노란 트럭은 노란 종이 위에 올려놓는다. 색지와 장난감 자동차를 모두 뒤섞은 뒤, 장난감 자동차와 같은 색깔의 색지 위로 자동차를 운전하도록 한다.

자동차에 맞는 주차장을 찾으면서
아이는 서로 다른 사물 사이의 공통점을
인식하게 된다.

재미있는 얼굴들

감정에 대해 이야기하기

아이는 이제야 감정의 개념, 즉 어떤 때는 즐겁다가 가끔은 화가 나거나 슬프다는 것을 이해하기 시작한다. 나무 숟가락 인형들은 아이가 자신의 감정을 이해하고 이를 적절한 방법으로 표현하도록 도와줄 것이다. 세 개의 나무 숟가락에 각각 즐거운 표정, 슬픈 표정, 화난 표정을 한 얼굴을 그린다. 도화지를 이용하여 머리카락, 수염, 넥타이 등을 장식한다. 당신이 아이에게 혹은 아이와 번갈아가며 숟가락의 감정들을 표현해 본다. 즐거운 표정의 숟가락은 "나 오늘 동물원에 가!"라고 말할 수 있다. 또 화난 숟가락은 "코트 입기 싫어!"라고 말할 수 있다. 아이가 자신의 감정을 직접 표현하도록 해보자.

발 달 포 인 트

몇 달 전만 해도 아이는 '어려움'을 우는 것으로밖에 표현하지 못했을 것이다. 하지만 이제 즐거움과 슬픔, 분노를 말로 표현할 수 있다. 숟가락 인형은 아이의 감정을 말로 표현하는 방법을 보여주는 모델이 될 수 있다. 최근 아이가 지나치게 요구만 한다고 생각되는가? 그렇다면 즐거운 얼굴을 한 숟가락 인형을 이용하여 물을 달라고 떼쓰는 대신 예의바르게 물을 달라고 하는 것을 보여준다.

✔	**개념 발달**
✔	**창조적인 표현**
✔	**언어 발달**
✔	**사회성**

때론 아이들은 놀면서 자신의 감정을 더 쉽게 표현할 수 있다. 숟가락 인형들과 감정에 대해 많은 이야기를 나누도록 한다.

167

아이들의 말하기

아이들은 오로지 언어를 배우기 위해 세상에 태어난 것처럼 보이지만, 부모는 본능적으로 이 중요한 능력을 발달시키기 위해 많은 것을 해왔다. 한 예로 다양한 문명에서 사람들은 그들의 아기에게 언어학자들이 패런티즈(parentese :부모가 아기들에게 말하는 특유의 방식)라고 부르는 고음의 반복적이며 노래하는 듯한 목소리로 아기와 아이들에게 말을 해왔다. 아름다운 선율의 함축적인 말을 함으로써 어떤 단어와 그 단어가 나타내는 사물을 연결시키는 능력을 급속히 발달시키고, 수많은 문법 규칙들을 배우는 데 필요한 간략한 구문과 반복을 아이에게 제공한다는 것은 전 세계가 인정하고 있다.

부모들은 이를 위해 몇 가지 다른 일들을 할 수 있다. 59쪽의 전문가의 도움말에서 이미 말했듯이, 아이가 아직 말을 하지 않더라도 아이에게 말을 많이 하는 단순한 행위만으로도 아이의 어휘력을 쌓는 데 도움을 준다. "당신이 생각할 수 있는 모든 것을 아이에게 이야기하세요"라고 마리안 다이아몬드 박사와 재닛 홉슨의 저서인 『마음의 마법 나무(Magic Trees of Mind)』에서 조언한다. 아이를 책의 그림에 집중하게 하고, 당신이 말한 단어를 반복하게 하거나 음향 효과를 더하는 것은 아이를 즐겁게 하고, 집중시간을 늘릴 수 있도록 한다.

실제 생활에서 사용되는 단어와 감정의 표현들을 소개하는 것도 중요하다. 아이가 가장 좋아하는 간식을 먹는 시간이나 공원에 나가는 시간을 '나중에' '지금'이라는 표현과 연결하면 아이는 이 단어들의 의미를 더욱 빨리 이해하게 된다. 집안에서 보는 모든 것, 자동차 안에서 지나치는 모든 것, 또는 동네 가게에서 발견하는 모든 것의 이름을 알고자 하는 아이의 끝없는 관심을 충족시키는 것은, 사물에 이름을 붙이고자 하는 본능을 만족시키는 것이다. 이러한 본능은 두 살 즈음하여 최고조에 이를 것이다. 마지막으로 실천 육아의 이점을 기억하라. 아이와 껴안고 이야기하거나 책을 읽음으로써 애정이 가득한 신체 접촉을 할 수 있고, 이는 언어 습득을 재촉하게 된다.

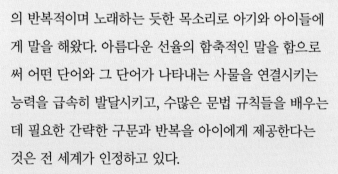

확성기 놀이

목 소 리 증 폭 하 기 놀 이

이 제 아이는 말을 꽤 잘할 것이고, 아이의 발성은 곰인형에게 책을 읽어줄 때의 속삭임에서 놀이공원을 떠나야 할 때 고함을 지를 정도로 음량이 커졌을 것이다. 종이로 만든 확성기를 이용하여 아이의 언어 능력 및 청력을 더욱 확장시켜보자. 두꺼운 종이 한 장을 돌돌 말아 뿔모양의 작은 한쪽 끝에 입을 대고 말하면 소리의 크기와 방향이 바뀐다는 것을 알려준다. 확성기를 이용하여 크고 작은 소리로 번갈아 이야기한다. 또는 노래나 재미있는 소리를 증폭하기 위해 확성기를 사용해 본다.

발 달 포 인 트

아이들은 놀면서 자연스럽게 자신의 감각을 발견하는데 이 놀이를 통해 듣기능력 및 소리의 크기와 성질을 이해할 수 있다. 아이들은 천성적인 연기자이다. 그래서 간혹 손님을 반길 때 온몸으로 열광한다.즉흥 확성기를 통해 아이의 창조적인 표현능력을 높일 수 있을 것이다.

이 소리를 들어봐요. 아이는 즉흥 확성기를 통해 자신의 음성 영역을 넓히는 것을 좋아할 것이다.

✔	**원인과 결과**
✔	**창조적인 표현**
✔	**청력**
✔	**감각의 발견**

아이가 이 놀이를 좋아한다면
180쪽 동물 배우를 보세요. ▶

169

리본 고리

리 본 을 갖 고 예 쁘 게 춤 추 기

발 달 포 인 트

춤을 추는 아이에게 리본 고리를 주면, 리본으로 여러 가지 모양을 만들기 위해 팔과 몸을 어떻게 움직여야 하는지 알게 될 것이다. 이 놀이를 통해 전신 운동 능력과 협응력이 발달된다. 또한 창조력은 물론 리듬감을 키워준다.

아이는 춤추는 것을 좋아한다. 날아다니는 색색의 리본은 아이의 춤을 더욱 신비하고 매혹적이며 신나는 것으로 만든다.

● 리본 고리를 구입하거나(장난감 가게에서 판다) 헝겊이나 오래 된 침대 시트를 30~60cm 길이로 자른다. 리본들을 한데 모아 한끝을 고리나 밀폐용 기 뚜껑의 고무 테두리에 묶는다.

● 아이에게 리본의 여러 색깔에 대해 이 야기하고, 어떤 색이 가장 좋은지 물어 보자.

● 춤을 추면서 어떻게 리본을 활용하 는지 보여준다. 리본을 위아래로 흔들 고 양옆으로 돌린다.

신체 인지	✔
공동 작용	✔
창조적인 동작	✔
전체 운동 능력	✔
리듬의 발견	✔

● 당신과 아이가 좋아하는 댄싱 음악을 틀고 아이와 함께 박자에 맞춰 리본을 흔든다.

● 고리를 바닥에 놓고 고리 주변을 돌며 춤을 추거나 빠르게 움직이며 리본 고리를 서로 주고받는다. 아이에게 새 도구를 이용하여 즉석에서 춤을 추게 한다.

아이들은 빙글빙글 돌면서 찰랑거리는 리본들의 색깔과 움직임을 좋아한다.

아이가 이 놀이를 좋아한다면 118쪽 스카프 묘기를 보세요.

물건 확대하기

발 달 포 인 트

돋보기를 통해 아이가 자연을 관찰하도록 한다. 나뭇잎은 서로 교차하는 선으로 이루어진 복잡한 미로이고, 작은 벌레에게도 눈과 다리와 입이 있다는 것을 발견하는 순간, 아이는 자연은 풍부하고 복잡하다는 것을 깨닫게 될 것이다. 아이가 보는 것을 설명하도록 도움으로써 아이의 어휘력을 강화할 수 있다.

개념 발달	✔
언어 발달	✔
크기와 모양을 통한 판별	✔
촉각 자극	✔
시각을 통한 판별	✔

돋보기를 이용하면 평범한 돌멩이와 솔방울은 재미있는 질감의 풍경으로 변할 것이다.

돋보기를 이용하여 세상에 대한 아이의 호기심과 이해력을 키우자. 모래들은 다양한 색깔의 돌멩이처럼 보이며, 납작한 초록색 나뭇잎에 작은 선들이 그려져 있는 것을 보는 순간 아이는 매우 놀랄 것이다.

● 밖으로 산책을 나가면서 탐험을 시작하자. 여러 가지 사물(나뭇잎, 바위, 풀, 꽃, 모래, 벌레 등)을 돋보기로 보는 방법을 알려주자. 돋보기 아래의 사물을 만지게 하고 그것들을 설명하는 적절한 단어들을 알려주자.

● 크기의 개념에 대해 이야기하자. ("돋보기로 보기 전까지 이 조약돌은 아주 작았어요. 이제는 아주 크게 보여요!") 햇빛이 있는 날은 특히 조심한다. 돋보기를 통해 비치는 햇빛은 화상이나 화재를 유발할 수 있다.

● 이제는 집안으로 들어가자. 담요, 토스트, 실내용 화분, 인형, 개털 등을 돋보기로 보도록 한다. 아이가 보는 것을 설명하도록 하고, 만약 아이가 적절한 단어를 모른다면 가르쳐준다.

　● 또 신체 인지를 위해 돋보기를 사용할 수 있다. 아이의 발가락과 지문, 그리고 당신의 눈과 혀를 돋보기로 관찰하도록 한다.

173

레인 스틱 놀이

자 연 의 소 리 탐 험 하 기

발 달 포 인 트

딸랑이는 아이가 어렸을 때
작은 손으로 잡기 좋아하는 신기한
장난감이었다. 하지만 이제 아이는 빗
소리를 내는 큰 딸랑이를 경험할 수
있다. 아이는 실제 빗소리와
딸랑이가 내는 소리를 비교하면서
딸랑이의 소리 듣는 법을 배우고,
청각을 통한 인지 능력을 키운다.

창조적인 동작	✔
청력	✔
감각의 발견	✔

아이가 이 놀이를 좋아한다면
141쪽 신비의 소리를 보세요.

비가 내리는 모습과 소리는 대부분의 아이들에게 흥미를 불러
일으킨다. 그러나 비는 하늘에서 신비스럽게 아래로 퍼부어지는
물일뿐이다. 이제 레인 스틱(rain stick :대나무로 만든 기다란 통
으로 위아래로 흔들면 빗소리가 난다)을 이용하여 언제라도 빗소리를 재창조
할 수 있다. 공예품 가게에서 나무로 된 레인 스틱을 사거나 장난감 가게에서
여러 가지 색깔의 플라스틱 레인 스틱을 구입한다. 또는 두꺼운 종이로 만든
스틱 안에 한 컵의 쌀을 부은 뒤 양끝을 막으면 된다. 당신이 비에 대한 노래
를 부를 때 아이가 레인 스틱을 천천히 위아래로
흔들도록 한다. 폭풍우가 치는 날에는 아이
에게 실제 빗소리를 듣게 하고, 레인 스틱이
내는 유사한 소리를 듣
도록 한다.

아이가 레인 스틱을
거꾸로 들면서 소리줄기가
만들어짐에 따라 아이는 비와 리듬
의 세계를 느끼게 된다.

174

모양 골라내기

여 러 가 지 모 양 분 류 하 기

아이에게 서로 다른 모양을 정리하게 하는 빠르고 간편한 놀이를 소개한다. 작은 공들과 네모난 블록들을 모아 모두 섞어서 쌓는다. 둥근 큰 그릇과 큰 상자를 준비한다. 아이에게 둥근 모양의 공들은 둥근 그릇 안에, 네모난 블록들은 상자 안에 넣게 한다. 몇 번을 반복하고 나면 아이는 모양별로 완벽하게 정리할 수 있을 것이다.

둥근 물건은 둥근 그릇에,
네모난 블록은 상자 안에 넣음으로써
여러 가지 모양과 크기의 차이점을
이해하게 될 것이다.

발 달 포 인 트

이와 같은 분류 놀이는,
눈에 띄는 성질(여기에서는 모양)에
의해 사물을 확인하고 정리하는
중요한 능력을 키운다. 또한 아이는
모양은 다양한 크기로 존재한다는
것(예를 들어 공과 그릇 모두 둥근 모
양이지만 그릇이 좀더 크다는 것)을
알게 될 것이다.

✔ **분류 능력**

✔ **개념 발달**

✔ **크기와 모양을 통한 판별**

아이가 이 놀이를 좋아한다면
177쪽 나뭇잎 분류하기를 보세요 ▶

175

숫자 세고 찾기

맞 는 물 건 찾 기

숨겨놓은 물건을 찾는 것은 아이들의 자부심을 키운다. (그렇다고 너무 자주 물건들을 숨기지 말라) 아이가 물건을 찾을 때마다 큰소리로 숫자를 세는 것은, 연속된 숫자와 덧셈의 기본 개념을 익히는 데 도움이 될 것이다. 물건 찾기 놀이는 시각을 통한 기억력을 쌓는 데도 도움이 된다.

셈하기 개념	✔
시각을 통한 판별	✔
시각을 통한 기억	✔

아이가 이 놀이를 좋아한다면 148쪽 손전등 놀이를 보세요.

모든 연령의 아이들은, 딸랑이든 엄마의 얼굴이든 아빠의 옷 주머니 속에 숨겨진 과자든, 숨겨진 물건을 찾는 것을 좋아한다. 아이에게 한 가지 이상의 물건을 찾도록 하여 즐겁게 셈하기 연습을 하도록 한다. 컵, 신발, 나무숟가락 또는 색깔 있는 공을 각각 서너개 씩 준비한다. 이들을 아이에게 보여준 뒤 집안 곳곳에 숨기고 (아이가 좀더 쉽게 물건들을 찾을 수 있도록 일부분이 눈에 띄도록 한다) 아이에게 찾으라고 한다. 아이가 물건을 찾을 때마다 큰소리로 숫자를 세고 박수를 친다. 놀이의 난이도를 높이기 위해 똑같은 물건을 더 많이 숨긴다.

숫자 세고 찾기 놀이는 보물찾기 놀이에 숫자의 개념을 도입한다.

생후 30개월
2½
이후부터

나뭇잎 분류하기

크 기 별 로 분 류 하 기

아이들은 자신의 물건을 판별하고 ("이건 내 숟가락이야!") 이들을 다양한 범주에 따라 분류하는 것 ("이건 내 모자야. 이건 내 신발이야.")에 꽤 집중한다.

이러한 아이의 소유욕과 분류하고자 하는 의지를 이용하여 나뭇잎 정렬하기를 해보자. 세 가지 크기의 나뭇잎들을 모은다. 각 크기의 나뭇잎 한 장을 종이가방이나 작은 상자에 붙인다. 나머지 나뭇잎들은 쌓아놓는다. 아이에게 나뭇잎들을 크기별로 분류해 해당 가방 혹은 상자 안에 넣도록 한다. 아이가 분류하는 동안 아이에게 나뭇잎들은 어디에서 왔는지, 어떤 색깔인지 등 나뭇잎에 대해 이야기한다. 나뭇잎을 구하기가 어렵다면 색도화지를 나뭇잎 모양으로 오려서 사용한다.

발 달 포 인 트

물건을 분류하는 것은 아이들에게 엄청난 즐거움을 선사한다. 왜냐하면 아이들 주변의 세상을 정리하고 심지어 제어하는 방법이기 때문이다.
이 놀이는 아이들에게 크다/작다의 개념을 배우게 하고, 어떤 물건이 어떤 크기인지 판별하는 연습을 할 수 있게 한다. 나뭇잎에 대해 이야기를 나눔으로써 아이는 색깔과 모양에 관련된 단어를 배우고, 자연에 대한 간단한 지식을 얻는다.

✔ **분류 기술**

✔ **개념 발달**

✔ **언어 발달**

✔ **크기와 모양을 통한 판별**

여기에는 무엇을 넣을까? 모은 나뭇잎들을 분류하는 것은 '크다/중간이다/작다'에 대한 이해를 넓히는 데 좋은 방법이다.

177

아이들은 먼지 터는 일을 좋아한다.
아이의 도움을 받아 좀더 재미있게 먼지를
털어보자. 그리고 아이에게 잘했다고 말해준다.

전 문 가 의 도 움 말

아이들이 바닥을 쓸거나 수세미로 싱크대를 닦는 것과 같은 일상생활의 행위에서 즐거움을 찾는 것을 보며 많은 부모들은 놀란다. 약 백 년 전, 이탈리아 출신의 내과 의사이자 교육자인 마리아 몬테소리는 유아기에 대한 여러 혁명적인 개념들 중에서 집안일의 가치를 널리 알렸다. 특히 그녀는 집안일이 아이의 책임감과 자부심을 키우는 데 도움이 되고, 아이가 가족 또는 교실에 한몫 거들고 있다는 느낌을 주게 한다고 말했다. 오늘날 전 세계의 여러 학교에서 몬테소리 이론을 기반으로 교육하고 있다. 교실에는 낮은 싱크대와 작은 크기의 빗자루와 자루걸레 등의 청소용품이 구비되어 있어 아주 어린 아이들조차 도움을 주도록 교육한다.

따라하기

어른들의 행동 따라하기

아이는 당신의 핸드백을 들고 있고, 당신이 애완동물에게 말하는 그대로 말한다. 때로는 즐겁기도 하지만 때로는 당혹스럽기도 하다. 이제 아이와 함께 집안일하기 놀이를 해 보자.

● 당신이 나뭇잎을 쓸거나 먼지를 닦고 새집을 만들거나 부러진 계단을 고칠 때 아이가 당신을 돕도록 한다. 아이에게 유아용 도구나 안전한 성인용 도구 또는 가상의 도구를 주어 돕도록 한다. 아이는 당신을 돕게 되어 매우 기뻐할 것이다.

● 만약 애완동물이 있다면, 애완동물에게 먹이를 주고 털을 쓰다듬고 운동시키거나 함께 노는 것을 돕도록 한다. 이렇게 하면 아이는 새로운 기술을 배울 뿐만 아니라, 당신이 아이를 돌보듯 애완동물을 돌보는 방법을 배우게 될 것이다.

● 정원은 아이의 도움을 받기에 좋은 장소이다. 씨 뿌리는 방법을 아이에게 알려준 뒤 아이가 직접 하도록 한다. 첫 싹이 오르면 아이의 한 일의 결실을 보여주어 꼬마 정원사를 깜짝 놀라게 할 수 있다.

● 음악을 곁들이면 어떤 일이든 쉽게 할 수 있을 것이다. 일하면서 휘파람을 불거나 노래를 불러 보자.

발 달 포 인 트

아이들은 타인, 특히 부모를 보면서 배운다. 이 멋진 쌍방향 놀이는 (아이가 아직 도움을 줄 수 없다 할지라도) 아이에게 일상생활에서의 일들을 보여주는 좋은 방법이다. 또한 엄마와 아빠의 행동을 흉내내면서 아이는 자신감을 키우게 된다. 당신의 목소리와 움직임을 따라함으로써 청각 및 시각 능력을 발달시킨다. 음악에 맞추어 이 놀이를 하면 아이의 리듬감 발달에 도움이 된다.

✔	협응력
✔	전신 운동 능력
✔	청각
✔	역할놀이
✔	사회성

아이가 이 놀이를 좋아한다면
164쪽 미니 마임을 보세요

동물 배우

발 달 포 인 트

사자처럼 먹잇감에 몰래 접근하고, 코끼리처럼 땅을 따라 코를 쓸고, 나무 위로 날아가는 새를 흉내 내려면 균형 감각과 힘, 그리고 협응력이 요구된다. 동물 흉내를 내는 것은 아이의 상상력에 날개를 달아주고, 지구 위의 다른 피조물에 대한 공감대를 형성하게 한다.

개념 발달	✔
창조적인 동작	✔
전신 운동 능력	✔
상상력	✔

아이는 개에게 으르렁거리고, 고양이 옆에서 기어 다닌다. 그리고 동물원에서 동물들을 구경하는 것을 즐거워한다. 아이들은 동물을 좋아하고, 동물들이 움직이고 말하는 재미있는 방식을 좋아한다. 아이에게 동물 흉내를 내는 것을 가르쳐 주어 야수들의 아름다움을 발견할 수 있도록 하자.

● 아이와 함께 책이나 잡지에 실린 동물 사진을 보면서 동물들이 어떻게 걷는지, 무엇을 먹는지, 어디에 사는지, 어떻게 의사소통하는지 등에 대해 이야기한다. 그리고 동물 인형들을 모아 그 동물들에 대해 설명해 주고 실제 동물들은 어떻게 살아가는지 설명해 준다.

당신의 꼬마원숭이는 동물들을 흉내내면서 상상력과 신체의 민첩성을 기른다.

각 동물들이 내는 소리, 예를 들어 곰은 그르렁거리고, 고양이는 야옹거리고, 닭은 꼬꼬댁 하고, 개구리는 개굴개굴 운다는 것을 알려준다. 그리고 아이에게 동물원이나 만화영화, 비디오 등에서 들은 동물들의 우는 소리를 흉내내보도록 한다.

뒤뚱거리는 오리, 바삐 걷는 말, 나뭇가지를 잡고 움직이는 원숭이, 나무에서 나뭇잎을 따기 위해 코를 사용하는 코끼리 등 동물들의 다양한 행동을 보여준다. 아이에게 이들 행동을 흉내내보도록 한다.

아이가 이 놀이를 좋아한다면
164쪽 미니 마임을 보세요

181

용어 설명

감각의 발견
세상을 배우기 위해 촉각, 청각, 시각, 후각, 미각을 이용하는 것.

개념 발달(인식)
놀이, 탐색(발견), 동작, 경험을 통해 얻은 열다/닫다,
크다/작다 등의 특별한 개념에 대한 이해.

공간 인지
타인 및 사물들과 관련되어 자신의 몸이 어디에 있는지 아는 것.
아이는 두 물건 사이를 기거나 걸을 때처럼 공간을 가로지를 때
그 공간을 비로소 인지한다.

균형 감각
중력에 대해 몸으로 어떤 자세를 취하고 유지하는 능력.
균형 감각은 앉고, 서고, 걷고, 뛰거나 스케이트와 자전거를
타는 데 반드시 필요하다.

논리적인 추론
사실 혹은 물리적 특성의 진행, 경과에 대한 이해를 바탕으로
어떤 결정을 내리거나 행동을 취하는 능력. 사물들을 분류하고
포개놓고 쌓는 것은 모두 논리적인 추론에 의존한다.
예를 들어 아빠의 책상 위에 놓인 컴퓨터에 도달하기 위해
의자를 끌어와야 한다는 것을 이해하는 것이다.

눈과 발의 협응력
눈으로 거리와 깊이를 측정하여 발을 언제 어디에 위치시켜
조화롭게 움직일 수 있는지에 대한 정보를 처리하는 것.
눈과 발의 협응력은 공을 발로 차거나 계단을 뛰어오르거나
고르지 않은 길을 걸을 때 필요하다.

눈과 손의 협응력
손으로 공을 잡을 때처럼 시각 정보에 대한 반응으로 양손의
위치와 움직임을 명령하는 것.

뉴런(신경 단위)
몸 전체에서 전기 자극을 전달하는 긴 신경 세포.
여러 종류의 신경 세포들은 우리가 몸을 움직이고 생각하고
감각을 이용하고 감정을 경험하도록 한다.

듣기 기술
음악, 리듬, 박자, 말의 억양을 포함한 다양한 소리를
식별하는 능력.

리듬의 발견
몸동작을 통해 음악의 리듬과 숨겨진 박자를 발견하는 행위.

모양 식별
동그라미와 세모 같은 특수한 형태를 식별하는 능력.
모양을 식별하는 것은 궁극적으로 아이가 글을 읽고 쓰는 데
도움이 된다.

문제 해결

정신적 혹은 물리적 문제를 해결하는 능력. 아이에게는 병뚜껑을 어떻게 돌려서 여는지 혹은 동물 인형을 손에서 놓지 않고 어떻게 컵을 잡는지를 발견하는 것이 곧 문제를 해결하는 것이다.

반사 작용

날아오는 공을 맞지 않기 위해 손을 위로 뻗는 것처럼 어떤 자극이나 행위에 대한 자동적인 반응.

분류 능력

크기나 모양, 색깔 등 공통된 성질에 따라 사물을 모으는 능력.

사회성

타인과 적절하게 상호 교류하고 관계를 맺는 일로, 여기에는 나누어 갖기, 순서/교대로 하기, 타인의 감정 인식하기가 포함된다.

상상력

실재하지 않는 생각 속의 이미지에 형태를 부여하는 능력. 상상력은 과거 경험과의 결합을 통해 새로운 생각들을 창조하는 데 영향을 미친다. 또한 추상적인 사고를 필요로 하며, 아이가 역할을 연습하고, 자신의 행동에 대한 결과를 예상하고, 새로운 계획을 만들 수 있도록 한다.

상체 강화

목, 어깨, 팔과 상체 근육의 발달. 이러한 발달은 아이가 기고 상체를 바로 펴고 무거운 물건을 드는 데 꼭 필요하다.

셈하기(숫자) 개념

올바른 순서에 따라 숫자를 세고, 일대일 대응을 인식할 수 있는 능력.

소근육 운동 능력

건포도 한 알을 줍거나 가위질을 하거나 글씨를 쓰고 단추를 잠그거나 신발 끈을 묶을 때와 같이 작은 동작을 실행하기 위해 (특히 손의) 작은 근육들을 제어하는 것.

용어 설명

시각을 통한 기억

사물, 얼굴, 이미지를 기억하는 능력. 시각을 통한 기억은
아이가 일련의 사물이나 그림을 기억하도록 하며,
읽기를 배우기 위한 기초가 된다.

시각을 통한 판별

시야 내의 사물들에 집중하여 식별하는 능력.
아이는 그림 안에서 새를 찾거나 많은 사람들 중에서
부모를 찾을 때 이것을 사용한다.

시냅스(신경세포의 연접부)

뉴런들 사이의 좁은 틈으로, 전기 자극이 전달되어 그 결과
신경 세포들이 서로 의사소통 할 수 있게끔 한다.

(신경의) 가지돌기

뇌 안에서 신경 충동을 전달하는, 가지 뻗은 신경 세포.
연구자들은 정신 자극이 가지돌기의 크기와 복합성을
증가시킨다고 믿으며, 이는 아이의 인지 능력을 향상시킨다.

신체 인지

몸의 팔다리와 관절, 근육이 무엇인지에 대한 이해와 각 신체
부위를 발견하는 능력.

양측 협응력

어떤 동작의 대칭 여부를 떠나 몸의 양쪽을 동시에 사용할 수
있는 능력. 아이가 기고 걷고 수영하고 오르고 손으로 잡고
뛰어오르는 데 양측 협응력이 필요하다.

언어 발달

인간의 말을 이해하고, 소리를 만들고, 언어를 말하며, 읽고 쓰는
법을 배우는 것을 포함한 언어 기술을 습득하는 복잡한 과정.

역할 놀이

스스로 어떤 사람 혹은 사물이 된 것처럼 가장하기 위해
상상력을 이용하는 것. 역할 놀이를 통해 아이는 자신의 감정을
발견할 수 있다.

원인과 결과(인과관계)

어떤 행동이 다른 행동에 영향을 미치는 것. 인과 관계를
경험하는 것은, 높은 의자에서 장난감 트럭을 떨어뜨리면 트럭이
바닥으로 떨어지는 것과 같이 아이에게 자신의 행동이 어떤
결과를 낳는지 알려줄 수 있다.

인지/인식

지적 능력. 사물을 인식하고 분류하고 비교하는 것, 자신의 일과
와 사람들, 물건들의 위치를 기억하고 판단하는 것, 문제를 해결
하는 것을 포함한다.

자아 개념/자아상

아이가 스스로를 독립된 인간으로 인식하는 것.
건전한 자아 개념을 지닌 아이는 자신에 대해 기분 좋게 느낀다.

전신 운동 능력

팔이나 다리에 있는 큰 근육들을 제어하는 것.
여기에는 걷기, 뛰기, 오르기가 해당된다.

창조적인 동작
느낌과 생각을 전달하기 위해 신체의 움직임을 이용하는 것.

창조적인 표현
목소리와 동작 또는 예술 활동(그리기나 색칠하기)을 이용하여
느낌과 생각을 전달하는 능력.

청각 발달(청력)
아이의 청각 기관의 성숙은 언어 구사력 발달에 꼭 필요하다.

촉각 자극
압력, 온도, 고통 및 피부의 자극, 털의 움직임에 대한 반응을
감각 기관에 신호로 보내는 것. 촉각 자극은 아이가 처음 보는
음식을 먹거나 예상치 않았던 것을 만지게 되었을 때 편안한
느낌을 갖도록 해준다.

촉각을 통한 판별
접촉을 통해 여러 가지의 모양 또는 질감을 정의하는 능력.
여러 가지 질감을 식별하는 능력은 아이들이 자신을 둘러싼
환경을 탐색하고 이해하며, 사물들을 인식할 수 있도록 한다.
("내 주머니 안에는 부드러운 깃털과 차가운 돌이 있어요.")

추상적인 사고
물리적으로 존재하지 않는 사람, 생각, 사물에 대해 상상하고
이야기할 수 있는 능력. 흉내내기, 시간에 대한 개념, 잃어버린 물
건 찾기, 친구네 집에 놀러갈 계획을 세우는 것은 일정 수준의
추상적인 사고를 필요로 한다.

크기와 모양을 통한 판별
큰 개, 작은 고양이, 네모난 상자와 같이 여러 가지 크기의 사물
들과 이들 간의 관계를 식별하는 능력.

협응력
발로 공차기와 같이 원활하고 능률적이며 기술적으로
운동 반응을 나타내기 위해 모든 감각을 통합하는 능력.

찾아보기

찾아보기